# 如何做好调查研究

RUHE ZUOHAO DIAOCHA YANJIU

吴怀友 主编

中央党校出版集团
国家行政学院出版社
NATIONAL ACADEMY OF GOVERNANCE PRESS

**图书在版编目（CIP）数据**

如何做好调查研究 / 吴怀友主编 .—北京：国家行政学院出版社，2023.6

ISBN 978-7-5150-2791-3

Ⅰ.①如…　Ⅱ.①吴…　Ⅲ.①调查研究—研究方法—干部培训—学习参考资料　Ⅳ.① C31

中国国家版本馆 CIP 数据核字（2023）第 110356 号

书　　名　如何做好调查研究
　　　　　RUHE ZUOHAO DIAOCHA YANJIU
作　　者　吴怀友　主编
统筹策划　陈　科
责任编辑　陆　夏
出版发行　国家行政学院出版社
　　　　　（北京市海淀区长春桥路 6 号　100089）
综 合 办　（010）68928887
发 行 部　（010）68928866
经　　销　新华书店
印　　刷　北京盛通印刷股份有限公司
版　　次　2023 年 6 月北京第 1 版
印　　次　2023 年 6 月北京第 1 次印刷
开　　本　170 毫米 ×240 毫米　16 开
印　　张　12.75
字　　数　177 千字
定　　价　42.00 元

# 关于在全党大兴调查研究的工作方案

为深入学习贯彻习近平新时代中国特色社会主义思想，全面贯彻落实党的二十大精神，党中央决定，在全党大兴调查研究，作为在全党开展的主题教育的重要内容，推动全面建设社会主义现代化国家开好局起好步。现制定如下工作方案。

**一、重要意义**

调查研究是我们党的传家宝。党的十八大以来，以习近平同志为核心的党中央高度重视调查研究工作，习近平总书记强调指出，调查研究是谋事之基、成事之道，没有调查就没有发言权，没有调查就没有决策权；正确的决策离不开调查研究，正确的贯彻落实同样也离不开调查研究；调查研究是获得真知灼见的源头活水，是做好工作的基本功；要在全党大兴调查研究之风。习近平总书记这些重要指示，深刻阐明了调查研究的极端重要性，为全党大兴调查研究、做好各项工作提供了根本遵循。

当前，我国发展面临新的战略机遇、新的战略任务、新的战略阶段、新的战略要求、新的战略环境。世界百年未有之大变局加速演进，不确定、难预料因素增多，国内改革发展稳定面临不少深层次矛盾躲不开、绕不过，各种风险挑战、困难问题比以往更加严峻复杂，迫切需要通过调查研究把握事物的本质和规律，找到破解难题的办法和路径。在全党大兴调查研究，是深入学习贯彻习近平新时代中国特色社会主义思想、感悟这一重要思想的真理力量和实践伟力的必然要求，是深刻领悟“两个确立”的决定性意义、坚决做到“两个维护”的具体实践，是应对新时代新征程前进路上的风浪考验、推进中国式现代化的有力举措，是时刻保持解决大党独有难题的清醒和坚定、回答“六个如何始终”的现实需要，是转变工作作风、密切联系群众、提高履职本领、强化责任担当的有效途径。

**二、总体要求**

在全党大兴调查研究，要坚持以习近平新时代中国特色社会主义思想为指导，全面贯彻落实党的二十大精神，紧紧围绕党的理论和路线方针政策、党中央重大决策部署的贯彻执行，大力弘扬党的光荣传统和优良作风，突出问题导向和目标导向，促进广大党员、干部特别是领导干部带头深入调查研究，不断深化对党的创新理论的认识和把握，善于运用党的创新理论研究新情况、解决新问题、总结新经验、探索新规律，扑下身子干实事、谋实招、求实效，使调查研究工作同中心工作和决策需要紧密结合起来，更好为科学决策服务，为提高党的执政能力和领导水平服务，为完成新时代新征程的使命任务服务。

在全党大兴调查研究，必须坚持党的群众路线，从群众中来、到群众中去，增进同人民群众的感情，真诚倾听群众呼声、真实反映群众愿望、真情关心群众疾苦，自觉向群众学习、向实践学习，从人民的创造性实践中获得正确认识，把党的正确主张变为群众的自觉行动。必须坚持实事求是，坚守党性原则，一切从实际出发，理论联系实际，听真话、察实情，坚持真理、修正错误，有一是一、有二是二，既报喜又报忧，不唯书、不唯上、只唯实。必须坚持问题导向，增强问题意识，敢于正视问题、善于发现问题，以解决问题为根本目的，真正把情况摸清、把问题找准、把对策提实，不断提出真正解决问题的新思路新办法。必须坚持攻坚克难，发扬斗争精神，增强斗争本领，勇于涉险滩、破难题，知难而进、迎难而上，把调查研究成果转化为推进工作、战胜困难的实际成效。必须坚持系统观念，深入实际、深入基层、深入群众调查了解情况，把握好全局和局部、当前和长远、宏观和微观、主要矛盾和次要矛盾、特殊和一般的关系，前瞻性思考、全局性谋划、整体性推进党和国家各项事业。

## 三、调研内容

在全党大兴调查研究，要紧紧围绕全面贯彻落实党的二十大精神、推动高质量发展，直奔问题去，实行问题大梳理、难题大排查，着力打通贯彻执行中的堵点淤点难点。各级党委（党组）要立足职能职责，围绕做好事关全局的战略性调研、破解复杂难题的对策性调研、新时代新情况的前瞻性调研、重大工作项目的跟踪性调研、典型案例的解剖式调研、推动落实的督查式调研，突出重点、直击要害，结合实际确定调研内容。主要是12个方面。

1.贯彻落实党中央决策部署和习近平总书记对本地区本部门本领域工作重要指示批示精神的主要情况和重点问题。

2.贯彻新发展理念、构建新发展格局、推动高质量发展中的重大问题，推进高水平科技自立自强，扩大国内需求、深化供给侧结构性改革、建设现代化产业体系、落实“两个毫不动摇”、吸引和利用外资，全面推进乡村振兴中的主要情况和重点问题。

3.统筹发展和安全，确保粮食、能源、产业链供应链、生产、食品药品、公共卫生等安全，防范化解重大经济金融风险中的主要情况和重点问题。

4.全面深化改革开放中的重大问题，重要领域和关键环节改革、推进高水平对外开放中的主要情况和重点问题。

5.全面依法治国中的重大问题，完善中国特色社会主义法律体系、推进依法行政、严格公正司法、建设法治社会等主要情况和重点问题。

6.意识形态领域面临的挑战，推进文化自信自强、建设社会主义文化强国和新闻舆论引导、网络综合治理中的主要情况和重点问题。

7.推进共同富裕、增进民生福祉中的重大问题，巩固拓展脱贫攻坚成果、缩小城乡区域发展差距和收入分配差距的主要情况和重点问题。

8.人民最关心最直接最现实的利益问题，特别是就业、教育、医疗、托育、养老、住房等群众急难愁盼的具体问题。

9.牢固树立和践行绿水青山就是金山银山理念方面的差距和不足，推进美丽中国建设、保护生态环境和维护生态安全中的主要情况和重点问题。

10.维护社会稳定中的重大问题，防灾减灾救灾和重大突发公共事件处置保障短板，处理新形势下人民内部矛盾和强化社会治安整体防控的主要情况和重点问题。

11.全面从严治党中的重大问题，落实党的领导弱化虚化淡化、党组织政治功能和组织功能不够强，干事创业精气神不足、不担当不作为，应对“黑天鹅”、“灰犀牛”事件和防范化解风险能力不强，形式主义、官僚主义，特权思想和特权行为等重点问题。

12.本地区本部门本单位长期未解决的老大难问题。

**四、方法步骤**

在全党大兴调查研究，分为6个步骤。

（一）提高认识。各级党委（党组）要通过理论学习中心组学习、读书班等，组织党员、干部深入学习领会习近平总书记关于调查研究的重要论述，学习习近平总书记关于本地区本部门本领域的重要讲话和重要指示批示精神，继承和发扬老一辈革命家深入基层调查研究的优良作风，增强做好调查研究的思想自觉、政治自觉、行动自觉。

（二）制定方案。各级党委（党组）要围绕调研内容，结合本地区本部门本单位实际，广泛听取各方面意见，研究制定调查研究的具体方案，明确调研的项目课题、方式方法和工作要求等，统筹安排、合理确定调研的时间、地点、人员。党委（党组）主要负责同志要亲自主持制定方案。

（三）开展调研。县处级以上领导班子成员每人牵头1个课题开展调研，同时，针对相关领域或工作中最突出的难点问题进行专项调研。要坚持因地制宜，综合运用座谈访谈、随机走访、问卷调查、专家调查、抽样调查、统计分析等方式，充分运用互联网、大数据等现代信息技术开展调查研究，提高科学性和实效性。要深入农村、社区、企业、医院、学校、新经济组织、新社会组织等基层单位，掌握实情、把脉问诊，问计于群众、问计于实践。要转换角色、走进群众，了解群众的烦心事操心事揪心事，发现和查找工作中的差距不足。要结合典型案例，分析问题、剖析原因，举一反三采取改进措施。要加强督查调研，检查工作是否真正落实、问题是否真正解决。

（四）深化研究。全面梳理汇总调研情况，运用习近平新时代中国特色社会主义思想的世界观、方法论和贯穿其中的立场观点方法，进行深入分析、充分论证和科学决策。特别是对那些具有普遍性和制度性的问题、涉及改革发展稳定的深层次关键性问题，以及难题积案和顽瘴痼疾等，要研究透彻、找准根源和症结。在此基础上，领导班子交流调研情况，研究对策措施，形成解决问题、促进工作的思路办法和政策举措，确保每个问题都有务实管用的破解之策。

（五）解决问题。对调研中反映和发现的问题，逐一梳理形成问题清单、责任清单、任务清单，逐一列出解决措施、责任单位、责任人和完成时限。对短期能够解决的，立行立改、马上就办。对一时难以解决、需要持续推进的，明确目标，紧盯不放，一抓到底，做到问题不解决不松劲、解决不彻底不放手。

（六）督查回访。各级党委（党组）要建立调研成果转化运用清单，加强对调研课题完成情况、问题解决情况的督查督办和跟踪问效；领导干部要定期对调研对象和解决问题等事项进行回访，注意发现和解决新的问题。

## 五、工作要求

（一）加强组织领导。各级党委（党组）要高度重视调查研究工作，作出专门部署，科学精准做好方案设计、过程实施、监督问效等各个环节工作。党委（党组）主要负责同志负总责，抓好本地区本部门本单位调查研究的推进落实；班子其他成员各负其责，抓好分管领域和分管单位的调查研究工作。领导干部要带头开展调查研究，改进调研方法，以上率下、作出示范。

（二）严明工作纪律。调查研究要严格执行中央八项规定及其实施细则精神，轻车简从，厉行节约，不搞层层陪同。要采取“四不两直”方式，多到困难多、群众意见集中、工作打不开局面的地方和单位开展调研，防止嫌贫爱富式调研。要加强调研统筹，避免扎堆调研、多头调研、重复调研，不增加基层负担。要力戒形式主义、官僚主义，不搞作秀式、盆景式和蜻蜓点水式调研，防止走过场、不深入。要在调查的基础上深化研究，防止调查多研究少、情况多分析少，提出的对策建议不解决实际问题。对违反作风建设要求和廉洁自律规定的，要依规依纪严肃问责。

（三）坚持统筹推进。对表现在基层、根子在上面的问题，对涉及多个地区或部门单位的问题，上下协同、整体推动解决。统筹当前和长远，发现总结调查研究的有效做法和成功经验，完善调查研究的长效机制，使调查研究成为党员、干部的经常性工作，在全党蔚然成风、产生实效。

（四）加大宣传力度。充分利用党报、党刊、电视台、广播电台、网络传播平台等，采取多种多样的宣传形式和手段，大力宣传大兴调查研究的重要意义和各地区各部门各单位大兴调查研究的具体举措、实际成效，凝聚起大兴调查研究的共识和力量，营造浓厚氛围。

# 目录

# 第一章

# 认清调查研究的重大意义

2023年3月，中共中央办公厅印发的《关于在全党大兴调查研究的工作方案》(以下简称《工作方案》)指出，“为深入学习贯彻习近平新时代中国特色社会主义思想，全面贯彻落实党的二十大精神，党中央决定，在全党大兴调查研究，作为在全党开展的主题教育的重要内容，推动全面建设社会主义现代化国家开好局起好步”。在学习贯彻习近平新时代中国特色社会主义思想主题教育工作会议上，习近平总书记强调，要“按照党中央关于在全党大兴调查研究的工作方案”，“以深化调查研究推动解决发展难题”[①]。调查研究是我们党的优良传统，是我们党的传家宝，是谋事之基、成事之道，是做好各项工作的基本功，是这次主题教育的重要内容，也是习近平总书记对全党同志的一贯要求。怎样认识这个传家宝、如何掌握这个基本功，是学习领会习近平总书记重要讲话精神、贯彻落实好党中央决策部署、深入开展主题教育的一个重要课题。

## 一、中国共产党的优良传统

调查研究就是通过各种途径、运用各种方法，对客观事物进行调查了解和分析研究，获得对客观事物本质和规律的认识，是马克思主

① 习近平：《在学习贯彻习近平新时代中国特色社会主义思想主题教育工作会议上的讲话》，《求是》2023年第9期。

义的科学世界观和方法论。马克思主义之所以具有经久不衰的生命力，就因为它是来源于实践的科学认识，是经过系统、深入的调查研究形成的客观真理。毛泽东同志曾说："认识世界，不是一件容易的事。马克思、恩格斯努力终生，作了许多调查研究工作，才完成了科学的共产主义。"[①]1880年4月，马克思为法国《社会主义评论》杂志起草了《工人调查表》，分四个部分列举了99个问题，每个问题都很通俗具体，综合起来极为详尽。《工人调查表》在杂志发表以后，又印了大量单行本在法国发行，这属于采取书面通信调查的方法了解工人的状况。1842—1843年，马克思曾做过报刊撰稿人和记者编辑，在此期间他做了大量的社会调查和文献调研，为《莱茵报》撰写了多篇关于贫困的调查报告。1842—1844年，恩格斯在英国居住期间，用了21个月的时间，深入工人住宅区进行实地调查，亲自了解英国工人劳动和生存情况，写出了著名的《英国工人阶级状况》这篇堪称科学社会主义运动调查研究的"开山之作"。列宁称之为"世界社会主义文献中的优秀著作之一"[②]。在写作《资本论》过程中，马克思研究过1500多种书籍和档案文件，深入工厂、农村进行实地考察，对资本主义国家的经济状况进行了广泛的调查研究，确保了相关资料的真实性，从而为揭示剩余价值规律和资本主义经济发展规律等提供大量一手资料。俄国十月革命胜利后，百废待兴，列宁认为当务之急是通过调查研究确定解决问题的抓手。为此，他向全党指出首要任务之一是组织一系列的社会调查。列宁将调查研究作为马克思主义根本的思想方法和工作方法之一，他在采取任何一项重要决策之前，都要经过周密的调查研究。1921年俄国废除战时共产主义政策、以固定粮食税代替余粮收集制，就是列宁经过一系列亲自调查研究的结果。

党的百年奋斗成功道路是党领导人民独立自主探索开辟出来的，马克思主义的中国篇章是中国共产党人依靠自身力量实践出来的，贯

① 《毛泽东文集》第二卷，人民出版社1993年版，第378页。
② 《列宁专题文集·论马克思主义》，人民出版社2009年版，第76页。

穿其中的一个基本点就是中国的问题必须从中国基本国情出发，由中国人自己来解答。无论党的思想路线还是工作路线，都要求我们不断加强调查研究，坚持实事求是，一切从实际出发，理论联系实际。经过党的大力倡导和党的领导人的率先垂范，重视调查研究成为党的优良传统和作风。坚持好这一优良传统，可以从根本上保证党的路线方针政策和各项决策的正确制定与贯彻执行，使我们在工作中尽可能防止和减少失误。

### （一）新民主主义革命时期党的调查研究活动

中国共产党自成立之初便十分重视调查研究，作为中国共产党的主要创始人，陈独秀曾穿梭于北平上海、农村城市，遍察民间疾苦，深谙中国国情；李大钊以北大教授的身份，经常到工厂、煤矿进行调查研究，结交了很多工人朋友。毛泽东同志更是中国共产党从事调查研究特别是农村调查的开拓者和践行者，早在青年时代就强调要在中国做事就必须了解中国。1920他在给同学周世钊的信中说："吾人如果要在现今的世界稍为尽一点力，当然脱不开'中国'这个地盘。关于这地盘内的情形，似不可不加以实地的调查，及研究。"①如果从大革命时期算起到1934年，毛泽东同志先后做过20多次调查研究，留下调查研究报告共14份，还有一些丢失了。大革命时期，毛泽东同志对中国社会各阶级的历史和现状进行了大量的调查研究，在系统掌握中国社会各阶级实际的基础上运用马克思主义立场、观点和方法，写下了《中国社会各阶级的分析》，奠定了中国新民主主义革命基本思想；深入湖南湘潭、湘乡、衡山、醴陵、长沙五县考察农民运动状况，了解了国民党右派和地主阶级对农民运动的攻击，并结合农村实际情况，分析农民运动的重要性，撰写了《湖南农民运动考察报告》。土地革命战争时期，毛泽东同志对井冈山、寻乌、兴国、长冈、才溪等地进行调查，

① 《毛泽东早期文稿（1912—1920）》，湖南人民出版社2013年版，第428页。

撰写了一系列调查报告，为加强根据地建设、开辟农村包围城市武装夺取政权的革命道路奠定了扎实的理论和实践基础。在《反对本本主义》一文中，毛泽东同志反复强调调查研究的重要性，并提出了“没有调查，没有发言权”[①]的著名论断，批判了当时红军中存在的教条主义思想。在《总政治部关于调查人口和土地状况的通知》中，毛泽东同志进一步指出“不做正确的调查同样没有发言权”[②]，说明了做正确的调查研究的重要性。在这一思想指引下，各级苏区领导干部开展了大量的基层调研，各级苏区政权也设立了调查统计部门，围绕苏区的劳动、粮食、土地等开展了大规模普查工作。通过调查研究，党和苏区政府全面深入地了解了基层情况，掌握了大量经济生产和社会发展的真实数据，为苏区的政治、法治、经济、文化教育等工作提供了重要参考。

延安时期，为整顿党内严重存在的粗枝大叶、主观主义、形式主义等不良作风，中国共产党在1941年掀起了调查研究的高潮。毛泽东同志将其早年的农村调查报告以《农村调查》为名结集出版，并亲自撰写了序言和跋，为全党即将开展的大规模调查研究提供了理论指导。随后，中共中央发出由毛泽东同志起草的《中共中央关于调查研究的决定》，强调必须加强对国内外、省内外、县内外具体情况的调查和研究，才能扫除主观主义作风，担负起伟大革命任务；规定中央、中央局、中央分局、独立区域的区党委或省委，八路军、新四军之高级机关，各根据地之高级政府，都要设置调查研究机关，并列举了收集材料的方法，如邀请有经验的人开调查会、写名人传记、个别口头询问等。同年，中共中央还发出《中共中央关于实施调查研究的决定》，设立中央调查研究局，调查研究作为党的一项重要工作制度被确立起来。从此，将调查研究工作常态化、制度化，成为中国共产党区别于其他任何政党的重要标志。

---

① 《毛泽东选集》第一卷，人民出版社1991年版，第109页。
② 《毛泽东文集》第一卷，人民出版社1993年版，第268页。

### （二）社会主义革命和建设时期党的调查研究活动

新中国成立后，毛泽东同志仍坚持调查研究工作。1956年，他以听取工作汇报的方式，对工业、农业、商业、运输业等34个中央部门进行了深入调研，形成了《论十大关系》，在探索适合中国国情的社会主义建设道路上插下了第一面理论旗帜。1959—1961年，由于“大跃进”和“反右倾”的错误，加上自然灾害和苏联政府撕毁合同，党和人民面临严重经济困难。对此，党中央和毛泽东同志决心认真调查研究，纠正错误，调整政策。1960年底到1961年初，中共中央在北京召开工作会议。毛泽东同志在听取各省对农村情况的汇报中，逐渐形成了“大兴调查研究之风”的想法。毛泽东同志希望从农业问题入手，通过深入调查研究发现问题解决问题，以克服困难，扭转整个经济形势。1961年3月广州会议结束后，政治局常委几乎全部下到农村搞调查。如此全党上下全国范围的大规模农村调查，是中国共产党执政以来从未有过的。毛泽东同志希望通过这次调查研究，彻底摸清农村情况，以利于调整农村政策。毛泽东同志虽然没有亲自下乡蹲点搞调查，但是他亲自指导的三个调查组源源不断地向他提供调查材料，加上各地报送的一些材料，毛泽东同志对农村的形势也有了正确的认识。事实证明，这次调查研究对中央最高层迅速下定决心，果断作出相关决策起到了重要作用，同时也带动了全党工作作风的大转变。更重要的是，通过大兴调查研究之风，全党提高了对在中国建设社会主义的艰巨性的认识。正如毛泽东同志所说，搞社会主义革命、社会主义建设，不能急，“管他马克思、恩格斯、列宁、斯大林、毛泽东、你们、伙夫、马夫讲的，拿到群众中行得通才行。违反客观事物的规律，硬去实行，要受惩罚”①。

① 《毛泽东年谱（1949—1976）》第四卷，中央文献出版社2013年版，第597页。

### （三）改革开放和社会主义现代化建设新时期党的调查研究活动

“文化大革命”结束后，中国面临向何方去的关键抉择。1978年，邓小平同志到辽宁、黑龙江、吉林、河北、天津调查研究，首次提出了全党工作中心转移的战略问题，为党的十一届三中全会实现伟大历史转折奠定了思想和政治基础。邓小平同志指出：“世界天天发生变化，新的事物不断出现，新的问题不断出现，我们关起门来不行，不动脑筋永远陷于落后不行。”[①] 从1977年7月到1980年6月，除中央领导同志出访活动外，派出的部委办代表团出访次数达360次、科教经贸代表团出访次数达472次。据原国务院港澳办统计，仅从1978年1月至11月底，经香港出国和去港考察的人员就有529批，共3213人。邓小平同志带头走出国门，1978年先后访问了缅甸、尼泊尔、朝鲜、日本、泰国、马来西亚、新加坡、美国，作出了改革开放的重大决策。改革开放初期，邓小平同志提出到20世纪末人均国民生产总值翻两番，达到“小康水平”的设想。1980年，他专门到几个省调查研究翻两番的可能性。1982年，党的十二大根据邓小平同志的设想提出“翻两番、达小康”的宏伟目标。1983年，邓小平同志到经济发展较快的江浙沪地区进行调查研究，不仅肯定了“翻两番”目标的可行性，而且逐步形成了“三步走”发展战略。1992年，邓小平同志用一个多月的时间到武昌、深圳、珠海、上海等地调查研究，发表了著名的南方谈话，作出建立社会主义市场经济体制的重大决策，进一步坚定改革开放路线。可以说，调查研究伴随着邓小平理论从产生到成熟的全过程。江泽民同志多次强调要大兴调查研究之风，提出各级领导同志每年至少抽出一两个月的时间，深入基层调查研究。“三个代表”重要思想就是江泽民同志2000年2月在广东调研时首次提出的。胡锦涛同志率先垂范、以身作则，

① 《邓小平文选》第二卷，人民出版社1994年版，第128页。

多次深入到基层一线做调查研究，调研足迹遍布全国各地。

### （四）中国特色社会主义新时代党的调查研究活动

习近平同志非常善于运用调查研究的工作方法，无论是主政地方还是在中央工作，每每轻车简从深入群众，不仅密切了党群关系，而且掌握了大量第一手资料。在正定，他提出“每年要有三分之一以上的时间深入基层，研究新情况，解决新问题”[①]；在福建，他大力倡导“宣传党的路线、方针、政策下基层，调查研究下基层，信访接待下基层，现场办公下基层”[②]；在浙江，他规定“省级和市县领导班子成员，每年分别要有两个月和三个月时间下基层调研，主要领导干部要自己动手写一至两篇高质量的调研报告；领导干部要在基层建立联系点，省级领导干部每年至少到联系点两次，市县领导干部要与基层点保持经常联系”[③]；党的十八大后，他主持出台中央八项规定，第一条就是“要改进调查研究”；在党的二十大报告中，他郑重提出“弘扬党的光荣传统和优良作风，促进党员干部特别是领导干部带头深入调查研究，扑下身子干实事、谋实招、求实效”[④]。从党的群众路线教育实践活动到“三严三实”专题教育，从“两学一做”学习教育到“不忘初心、牢记使命”主题教育，从党史学习教育到学习贯彻习近平新时代中国特色社会主义思想主题教育，每一次党内学习教育都对调查研究提出明确要求，调查研究也都成为党内学习教育的重要内容。《干在实处　勇立潮头——习近平浙江足迹》一书中记载着这样一段话：“当县委书记一定要跑遍所有的村，当地（市）委书记一定要跑遍所有的乡镇，当省委书

---

① 《让群众过上好日子——习近平正定足迹》，人民出版社、河北人民出版社2022年版，第168页。

② 《闽山闽水物华新——习近平福建足迹》上册，人民出版社、福建人民出版社2022年版，第112页。

③ 《干在实处　勇立潮头——习近平浙江足迹》，人民出版社、浙江人民出版社2022年版，第21页。

④ 习近平：《高举中国特色社会主义伟大旗帜　为全面建设社会主义现代化国家而团结奋斗——在中国共产党第二十次全国代表大会上的报告》，人民出版社2022年版，第68页。

记一定要跑遍所有的县市区。”习近平同志在浙江工作时写过四副春联，其中有两副提到调查研究：求客观实际之真，务执政为民之实。深化理论武装求真谛，深入调查研究重实际。[①]习近平同志在正定任县委书记时跑遍了正定所有的村；在宁德任地委书记时，仅用3个月的时间就跑遍了所有的县，任上基本跑遍了所有的乡镇；任浙江省委书记时，仅用1年多的时间就跑遍了所有的县市区；任上海市委书记时，仅用7个月的时间就跑遍了所有的区县；到中央工作以后，在党的十八大召开以前就跑遍了31个省区市。党的十八大以来，到党的十九大召开前，习近平总书记到基层考察调研50次、累计151天，纵横跨越中国版图。

可以看出，中国共产党的发展史本身就是一部不断调查研究解决问题的历史，党的历史实践雄辩地证明，调查研究是我们党的传家宝，要守其正。坚持调查研究，是我们党一贯的工作方法和优良传统，是我们党做好领导工作的重要法宝。

## 二、做好各项工作的基本功

调查研究能力是领导干部整体素质和能力的一个组成部分。毛泽东同志指出：“全然不了解下情，却在那里担负指导工作，这是异常危险的现象。对于中国各个社会阶级的实际情况，没有真正具体的了解，真正好的领导是不会有的。”[②]习近平总书记在党的十九大报告中指出，党要全面增强执政本领，即学习本领、政治领导本领、改革创新本领、科学发展本领、依法执政本领、群众工作本领、狠抓落实本领、驾驭风险本领。在2020年秋季学期中央党校（国家行政学院）中青年干部培训

① 《干在实处　勇立潮头——习近平浙江足迹》，人民出版社、浙江人民出版社2022年版，第352页。
② 《毛泽东选集》第三卷，人民出版社1991年版，第789页。

班开班式上的讲话中，习近平总书记要求中青年干部提高解决实际问题的能力，包括政治能力、调查研究能力、科学决策能力、改革攻坚能力、应急处突能力、群众工作能力、抓落实能力。增强八种本领，提高七种能力，调查研究均是必修课。

### （一）调查研究的目的是解决真问题，不断增强脚力、眼力和脑力是关键

增强脚力，调查研究才能接地气；增强眼力，调查研究才能发现真问题；增强脑力，调查研究成果才能总结为解决问题的思路和方法。革命战争年代，毛泽东同志每到一地总是挤出时间做社会调查，一边了解情况，一边决定政策或检验改进已定的政策。凡是有地方党组织的，都找当地干部谈话，指导他们总结斗争经验，指出当前的任务和工作，着重讲党的政策和策略。在保存下来的毛泽东同志所写的调查材料中，绝大多数都是在行踪不定的战争间隙做的，有的甚至是在村口吃饭时调查的、在紧张的会议期间调查的。毛泽东同志不放过任何可以调查的机会，1927年初他到湖南考察农民运动，顺道同一个衡山的狱吏交谈。毛泽东同志说，我跟他谈了一两天，他谈我记，第一次使我晓得中国监狱全部腐败情形。毛泽东同志是一个手、脑、口非常勤快的人，他的调查虽然绝大部分都是在战争年代所做，但整理调查材料则一丝不苟，其中《寻乌调查》一篇调查报告竟达8万多字。一般来说红军作战频繁、居所不定，毛泽东同志既要指挥打仗，又要管理军队，还要创建根据地，竟能抽出时间手写出8万多字的材料，没有眼睛向下的决心和革命的热情是很难想象的。寻乌调查是毛泽东同志针对城市商业和土地革命初期的进展情况进行的一次详细调查，这次调查为中国共产党制定商业政策和土地政策寻找到依据。鉴于调查的重要性和必要性，为纠正党内出现的教条主义思想，毛泽东同志写了著名的《反对本本主义》。

习近平同志曾在一篇序言中写道：“几年下来，我几乎跑遍了浙

江的山山水水，也跑深了与浙江广大干部群众的真切感情，并在实践中逐渐跑透了浙江的省情市情县情。”[①]正是因为跑得勤、看得多、想得深，所以才能做得实。他在正定工作时，曾扛着自行车蹚过滹沱河，在河两岸走村串户访民情，帮助正定摘下“高产穷县”帽子，走上发展“半城郊型”经济之路；他走遍闽东9县察实情，有的地方靠一把砍柴刀一路披荆斩棘，在艰难跋涉中感知百姓疾苦，提出“弱鸟先飞”理念；任职福州后，他有2/3以上的时间都在基层调查研究、思考酝酿，这才有了“3820”战略工程；一到浙江工作，他就紧锣密鼓下基层调研，“八八战略”应运而生，至今引领着浙江“弄潮儿向涛头立”；在上海，他深入走访街道、乡村、企业、学校、“两新”组织等，推进各项工作开创新局面。

### （二）调查研究的过程就是了解情况、推动工作、联系群众、为民办事的过程

作出一项正确的决策往往需要大量客观真实的有效信息，我们只有知己知彼，对情况了然于胸，才能够认识把握规律，作出正确决策，掌握工作的主动权，推进工作落实。相反，如果“情况不明”“心中无数”，就会产生盲人摸象式的片面性，就会导致决策的针对性和操作性不强，也就不可能真正做到解决问题，推进工作。毛泽东同志指出：“共产党领导机关的基本任务，就在于了解情况和掌握政策两件大事。”[②]“你对于那个问题不能解决吗？那末，你就去调查那个问题的现状和它的历史吧！你完完全全调查明白了，你对那个问题就有解决的办法了。一切结论产生于调查情况的末尾，而不是在它的先头。”[③]在兴国调查中，毛泽东同志分别调查了地主、富农、中农、贫

① 习近平：《干在实处　走在前列——推进浙江新发展的思考与实践》，中共中央党校出版社2006年版，第3页。

② 《毛泽东选集》第三卷，人民出版社1991年版，第802页。

③ 《毛泽东选集》第一卷，人民出版社1991年版，第110页。

农、雇农、手工工人、商人、游民等八类人，了解各阶级及其中每个具体个体对土地革命的态度，据此制定土地革命中的阶级政策。毛泽东同志了解到雇农是农村中最苦的一个阶级，除吃饭睡觉外，其余时间都在工作。从娶妻方面看，雇农99%没有妻子，贫农30%没有妻子，中农10%没有妻子，游民90%没有妻子，手工工人30%没有妻子，且手工工人有80%欠债度日。基于这个调查，毛泽东同志进一步分析了中国社会各阶级、各阶层在土地斗争中的思想动向和现实表现，进一步明确了在这场斗争中依靠谁、团结谁、孤立谁、打倒谁的问题，为各级苏维埃制定和执行阶级政策找到了依据。兴国调查后，毛泽东同志也更加坚定地认识到农民在中国革命中的关键作用，充分印证了“农村包围城市，武装夺取政权”的正确主张和科学论断。

调查研究本质上是对客观实际情况的调查了解和分析研究，目的是由表及里，找到事物的本质规律，从而最终在实践中找到解决问题的正确办法。领导干部无论阅历多么丰富，无论从事哪方面工作，不能老是坐在办公室里，不能嫌麻烦、图省事，满足于在会议上听汇报、看书面报告或靠报表来了解情况，应该亲自出马，经常走出领导机关，进行各种形式和类型的调查研究。习近平同志在基层调研时特别注重观察细节，进而把握事物本质。一次，他去衢州市衢江区云溪乡调研灾民易地安置工作时，专门查看老人家里的米袋子，还打开菜柜看老人中午吃剩下的菜。另一次，在武义县调研下山脱贫工作时，在村民家中，他不只是听村干部汇报，还特意拿起小方桌上的遥控器，手里按着遥控器，眼睛盯着电视机，查看农村有线电视安装入户情况。在这样一次次的调研中，习近平同志对浙江各地区各领域各方面的优势和劣势、经验和问题有了更多的感性认识和更准确的把握，“八八战略”逐渐成型。2003年7月，这个经过大量调查研究形成的发展战略一经提出，就成为浙江面向未来的发展总纲，引领浙江迈上高质量发展新征程。

### （三）调查研究是党员领导干部进行自我改造、自我学习提高的有效途径

领导干部要提高领导水平，就要眼睛向下，善于从群众的实践中汲取营养，获得真知。尤其在伟大的历史性转变时期，各级领导干部要提升自己的能力水平，主要途径之一就是要向实践学习，通过系统的调查研究来学习和掌握科学的领导方法，全面提高领导素质。延安时期，在党中央的号召下，从党中央到各根据地纷纷成立了各种调查团，掀起了党内第一次调查研究的风潮。其中，以张闻天同志率领的“延安农村调查团”最为著名。从1942年1月到1943年3月，调查团调查了神府、兴县、米脂、绥德等地的自然村，形成了《贺家川八个自然村的调查》《碧村调查》《兴县十四个自然村的土地问题研究》《杨家沟地主调查》等成果。在《出发归来记》这篇写给中央的报告中，张闻天同志坦陈，调查研究或许是改造知识分子出身的老党员的途径；应该彻底破除他们走向实际的思想壁垒，使他们在行动上真正接触实际和群众，使他们在思想和切身经验上体验到毛泽东同志所指出的方向的正确，下决心彻底改造自己；一个共产党员只有将调查研究作为自己工作的基础，才算是真正的唯物论者，他的整顿三风才可以说产生了实际效果。

“正确的决策，绝对不是一个人或者一堆人，不作调查研究，坐在房子里苦思冥想就能产生的，它要在人民群众改革发展的实际中才能产生。”[①]因此，领导干部在作出重大决策之前，一定要迈开步子，走出院子，去车间码头，到田间地头，进行实地调研，同真正明了实情的各方面人士沟通讨论，通过“交换、比较、反复”，取得真实可信、扎实有效的调研成果，从而得到正确的结论。

---

① 习近平：《干在实处　走在前列——推进浙江新发展的思考与实践》，中共中央党校出版社2006年版，第535页。

## 三、密切联系群众的重要渠道

马克思主义认为，人民群众是历史的创造者，中国共产党人把这一历史唯物主义基本原理系统运用于实践活动中，形成了党的一切工作中的群众路线，调查研究更是同“一切为了群众，一切依靠群众”这个群众路线主要观点和“从群众中来，到群众中去”这个群众路线的主要方法紧密联系着的。毛泽东同志强调：“在我党的一切实际工作中，凡属正确的领导必须是从群众中来到群众中去。这就是说，将群众的意见（分散的无系统的意见）集中起来（经过研究，化为集中的系统的意见），又到群众中去作宣传解释，化为群众的意见，使群众坚持下去，见之于行动，并在群众行动中考验这些意见是否正确。然后再从群众中集中起来，再到群众中坚持下去，如此无限循环，一次比一次地更正确、更生动、更丰富。”①可见，加强调查研究，是密切联系群众、践行群众路线的重要方式。我们党来自人民、植根人民、服务人民，一旦脱离群众就会失去生命力。没有调查研究这座桥梁，党员领导干部与人民群众就无法密切沟通、密切联系。

### （一）调查研究是密切联系群众、改进工作作风的重要途径

“调查研究不仅是一种工作方法，而且是关系党和人民事业得失成败的大问题。”②领导干部下去调查研究，是为了掌握第一手材料。焦裕禄讲，吃别人嚼过的馍没有味道，就是说要掌握真实情况，形成真知灼见，以利于正确下决心、指导工作。习近平总书记将调查研究作为加强党风建设的切入点和重要环节，要求领导干部广泛开展调查研究，在全心全意为人民服务中提升政治站位、提高工作能力，在真心实意向人民学习中拓展工作视野、丰富工作经验、提高理论联系实际的水

① 《毛泽东选集》第三卷，人民出版社1991年版，第899页。
② 习近平：《谈谈调查研究》，《学习时报》2011年11月21日。

平，在倾听人民呼声、虚心接受人民监督中自觉进行自我反省、自我批评、自我教育，在服务人民中不断完善自己，持之以恒克服形式主义、官僚主义，久久为功祛除享乐主义和奢靡之风。

但是，现在调查研究好像还有一个“功能”，就是让别人知道我在调查研究，我在忘我工作，我在接触群众。而这个“功能”在一些人那里似乎渐渐变成了调查研究的主要功能，调查研究的本来目的倒变成次要的甚至可有可无的了。这样的话，每次下去能不带记者吗？能不带摄像机吗？如果没有记者、没有摄像机，那么在他们看来，这个活动是否还值得去就要考虑了，就要琢磨一下还有没有意义。没有留声留影，那不就等于没有去活动吗？显然，这其中有个导向问题。有的人觉得无声无息、埋头苦干，最后得不到认可。要想得到认可就要抛头露面，最后变成抛头露面就是工作、就是政绩，这是私心杂念在作怪。

大兴调查研究之风是克服形式主义、官僚主义的一个有效办法。现在我们了解情况的手段和渠道很多，有地方和基层上报的信息，有新闻媒体报道的材料，有各种会议发言反映的情况，还有互联网传递的社情民意。了解情况的渠道千条万条，但是调查研究要放在第一条，这是不可替代、不会失真的一条。通过二手材料了解情况是必要的，但不能代替亲身调研。领导干部走出机关，深入基层调研，是践行从群众中来、到群众中去的群众路线的有效途径，是聚民心、集民智的有效方法，也是检验干部作风的试金石。一言以蔽之，调查研究要注重实效，使调研的过程成为加深对党的创新理论领悟的过程，成为保持同人民群众血肉联系的过程，成为推动事业发展的过程。要防止为调研而调研，坚决杜绝那种坐在车里转一转，隔着玻璃看一看，座谈会上谈一谈的调研，坚决杜绝搞出发一车子、开会一屋子、发言念稿子式的调研，防止扎堆调研、作秀式调研；不能搞浮光掠影、人到心不到的蜻蜓点水式调研，不能搞作指示多、虚心求教少的钦差式调研，不能搞调研自主性差、丧失主动权的“被调研”，不能搞到工作成绩突出的地方调研多，到情况复杂和矛盾突出的地方调研少的嫌贫爱富式的调研。

### （二）调查研究是增强同人民群众的感情、学会做群众工作的重要方法

我们进行社会调查研究的对象主要是人民群众，所以要尊重群众、熟悉群众，同群众交朋友，为群众谋利益，这样才能搞好调查研究，才能体现群众路线的精神。1941年，毛泽东同志在《〈农村调查〉的序言和跋》中指出："对于担负指导工作的人来说，有计划地抓住几个城市、几个乡村，用马克思主义的基本观点，即阶级分析的方法，作几次周密的调查，乃是了解情况的最基本的方法。"他要求领导干部"迈开你的两脚，到你的工作范围的各部分各地方去走走，学个孔夫子的'每事问'"[①]。毛泽东同志把调查研究称为与群众做朋友的过程，他认为，搞调查研究一定要以普遍劳动者的身份出现，平等待人，要采取同志式的讨论式的商量态度，决不可当钦差大臣，决不可摆架子，不可搞老爷式的态度，"没有满腔的热忱，没有眼睛向下的决心，没有求知的渴望，没有放下臭架子、甘当小学生的精神，是一定不能做，也一定做不好的"[②]。在调查中，"主要的一点是要和群众做朋友，而不是去做侦探，使人家讨厌。群众不讲真话，是因为他们不知道你的来意究竟是否于他们有利。要在谈话过程中和做朋友的过程中，给他们一些时间摸索你的心，逐渐地让他们能够了解你的真意，把你当做好朋友看，然后才能调查出真情况来。"[③]他还谈到过自己的亲身经历："我在兴国调查中，请了几个农民来谈话。开始时，他们很疑惧，不知我究竟要把他们怎么样。所以，第一天只是谈点家常事，他们脸上没有一点笑容，也不多讲。后来，请他们吃了饭，晚上又给他们宽大温暖的被子睡觉，这样使他们开始了解我的真意，慢慢有点笑容，说得也

① 《毛泽东选集》第一卷，人民出版社1991年版，第110页。
② 《毛泽东选集》第三卷，人民出版社1991年版，第790页。
③ 《毛泽东文集》第二卷，人民出版社1993年版，第383页。

较多。到后来，我们简直毫无拘束，大家热烈地讨论，无话不谈，亲切得像自家人一样。”[①]

1949年，毛泽东同志针对城市工作中的问题总结说：“我们在接收石家庄的工厂时就有教训。我们派去的干部不能在业务上给予帮助，又不作具体调查研究，只是大讲了三天反帝反国民党的大道理，讲完了又没有新的，人家就不愿意听，不赞成你。他们后来重新当学生，和工人一起学习、劳动，调查研究，开展对敌斗争，业务上成为内行，才成了工人的贴心人，谈话别人也爱听了。”[②]刘少奇同志经常轻装简从，深入群众、深入基层，倾听群众呼声，心系群众安危。他同掏粪工人时传祥结下的友情，成为党同人民群众血肉联系的生动缩影。他回家乡农村调查时，有时睡在养猪场饲养员用过的铺了稻草的木板床上，有时睡在县委会议室的一张长方形的会议桌上，有时睡在大队部用两条长凳架着的门板上。这样做虽然辛苦一点，但确实摸清了情况，同基层干部和老百姓拉近了距离、增进了感情。如果只是为了调研而调研，走一圈、过一遍、聊一下，群众不可能和你交心。什么是作秀，什么是走心，群众一眼就能看出来。今天，新征程上仍然存在可以预料和难以预料的各种风险挑战，我们必须充分尊重、相信和依靠人民群众，必须保持同人民群众的血肉联系。这就要求我们在调查研究中尊重人民群众主体地位，以谦虚的态度向人民群众学习，拜人民群众为师，放下架子、扑下身子，接地气、通下情，既“身入”，更“心至”，带着深厚感情去做调查研究工作，获取人民群众的智慧和力量，凝聚起人民群众的磅礴力量。

### （三）调查研究是向人民群众学习请教、获取智慧和力量的重要途径

人民群众是实践的主体，是认识的来源。向社会做调查，就是向

① 《毛泽东文集》第二卷，人民出版社1993年版，第384页。
② 《毛泽东文集》第六卷，人民出版社1999年版，第11页。

群众做调查，只有联系群众，才能获取真知。毛泽东同志严肃指出：“必须明白：群众是真正的英雄，而我们自己则往往是幼稚可笑的，不了解这一点，就不能得到起码的知识。”[①]他曾严厉批判过那种对新情况、新事物不做调查研究，自己又不懂得，就在那里办事的领导干部，和那些“专从书本里讨生活，不到工人、农民、社会中去调查，不到群众中去调查，不在斗争中逐步深入调查研究”的领导干部。他认为“中国人民中间，实在有成千成万的‘诸葛亮’，每个乡村，每个市镇，都有那里的‘诸葛亮’。我们应该走到群众中间去，向群众学习，把他们的经验综合起来，成为更好的有条理的道理和办法，然后再告诉群众（宣传），并号召群众实行起来，解决群众的问题，使群众得到解放和幸福”[②]。邓小平同志指出：“我们改革开放的成功，不是靠本本，而是靠实践，靠实事求是。农村搞家庭联产承包，这个发明权是农民的。农村改革中的好多东西，都是基层创造出来，我们把它拿来加工提高作为全国的指导。”[③]

1944年，时任绥德地委书记的习仲勋看到绥德地区的群众大多不识字，文化水平低的问题，提出就地取材办冬学，普及文化知识的意见，得到了区内各级政府的积极响应。为了使冬学产生更广泛的效应，习仲勋同志带队深入到子洲县周家圪崂村，就办冬学情况进行专项调查研究后，撰写了《开展冬学运动应掌握的方针》一文，刊载在当年11月23日《解放日报》上。文中依靠大量调研成果，结合农村实际指出：要办好冬学，必须坚决贯彻“民办公助”的方针，才能把群众自觉自愿的积极性发动起来；冬学运动不能抄袭旧的一套教学方法，要和群众的冬季训练、闹秧歌、卫生、医药、组织妇纺等相结合，建立有机联系，达到学用一致；采取开会、研究典型、交换经验等形式训练冬学教员，不要采取简单的灌注式；在冬学运动开展中，要注意团

① 《毛泽东选集》第三卷，人民出版社1991年版，第790页。
② 《毛泽东选集》第三卷，人民出版社1991年版，第933页。
③ 《邓小平文选》第三卷，人民出版社1993年版，第382页。

结农村参加冬学运动的部分积极分子，普遍地建立若干个重点，而不是平均地分散力量。习仲勋同志就冬学经验的总结和推广，对全边区教育工作特别是开展冬学运动产生了积极影响。

历史和现实一再启示我们，群众的实践是最丰富最生动的实践，群众中蕴藏着巨大的智慧和力量。因此，领导干部在调查研究中要敏而好学，不耻下问，虚心求教，做群众的学生，做群众的朋友。领导干部写文件、作报告、发表文章，都是为了解决问题。办法只能从调查研究中来，从群众的实践和创造中来。胸有成竹才能出口成章，找准症结才能对症下药，源于实践才能指导实践。只有在充分占有和分析第一手材料的基础上概括出新思想、新观点、新论断、新举措，把群众的创造吸收到文件、讲话、文章中来，作出的决策才能体现时代要求，符合实际情况，才能够真正解决问题。因此，领导干部要把加强顶层设计和坚持问计于民统一起来，扑下身子、沉到一线，迈开步子、走出院子，到车间码头，到田间地头，到市场社区，亲自察看、亲身体验，紧扣人民群众生产生活，紧扣经济社会发展实际，不断发现人民群众的创新创造，解剖麻雀，发现典型，总结经验。只有尊重群众首创精神，真正把群众面临的问题发现出来，把群众的意见反映上来，把群众创造的经验总结出来，才能从生动鲜活的基层实践中汲取智慧，才能够使得党的方针、政策、措施、办法更符合人民群众的要求，更适合人民群众的工作实践，使人民群众自觉自愿地去完成党所布置的工作任务。

此外，大兴调查研究也是感悟新思想真理力量和实践伟力的必然要求。习近平新时代中国特色社会主义思想是在新时代的伟大实践中应运而生的，是在广泛调查研究基础上，通过总结概括人民群众的现实创造和实践经验而形成的。深入调查研究，我们能进一步领略这一重要思想的真理性和时代性，以实际行动坚定拥护“两个确立”、坚决做到“两个维护”。保持解决大党独有难题的清醒和坚定，回答好“六个如何始终”问题，也必须通过广泛深入的调查研究，对这些“独有难题”的表现形态、形成原因等进行系统分析和研究，从根本上找出解决问题的思路和办法，同时通过调查研究不断转变工作作风、提高履职本领、强化责任担当，切实增强党的先进性和纯洁性，确保党不变质、不变色、不变味。只有始终坚持和不断加强调查研究，“使调研的过程成为加深对党的创新理论领悟的过程，成为保持同人民群众血肉联系的过程，成为推动事业发展的过程”①，才能全面系统掌握习近平新时代中国特色社会主义思想的基本观点、科学体系，增进对党的创新理论的政治认同、思想认同、理论认同、情感认同，不断谱写马克思主义中国化时代化新篇章。

历史是最好的清醒剂，也是最好的营养剂。历史和现实都充分证明，中国共产党什么时候重视和加强调查研究，党的事业就能够顺利发展，而忽视调查研究或调查研究不够，就会使党的事业蒙受损失。当前，世界百年未有之大变局加速演进，进入新的动荡变革期；我国发展进入战略机遇和风险挑战并存、不确定难预料因素增多的时期。高度重视并大力弘扬作为“谋事之基、成事之道”的调查研究这一传家宝，对于新阶段新征程做好各项工作、应对困难复杂局面尤为重要。

## 四、强化责任担当的有效途径

全面建成社会主义现代化强国、实现第二个百年奋斗目标，以中国式现代化全面推进中华民族伟大复兴，是全党全国各族人民在新时代新征程的中心任务。这是前无古人的开创性事业，前进道路上，必然会遇到大量从未出现过的全新课题，遭遇各种艰难险阻，经受许多风高浪急甚至惊涛骇浪的重大考验。唯有始终保持锐意进取、敢为人先、迎难而上的奋斗姿态，积极担当作为、敢于善于斗争，才能胜利

① 《习近平关于“不忘初心、牢记使命”论述摘编》，党建读物出版社、中央文献出版社2019年版，第227页。

推进强国建设、民族复兴的历史伟业。“总体来看，现在广大党员、干部的能力素质和精神状态是好的，但也要清醒看到，干部队伍中不愿担当、不敢担当、不善担当的问题还比较突出。有的为了不出事宁愿不干事，得过且过；有的碰到矛盾和难题绕道走，把自身责任往外推，不敢动真碰硬；有的光说不练，表态快、调门高，行动慢、落实差；有的德不配位、能力平庸，挑不起重担，打不开工作局面；有的瞻前顾后、畏首畏尾，在重大风险挑战面前底气不足、惊慌失措，等等。这些问题尽管存在于少数党员、干部身上，但任其发展，就会损害党的形象、贻误党的事业，必须认真加以解决。”①领导干部中不担当不作为的问题，说到底是因为干事创业的本领不够。调查研究是提高领导干部工作本领的重要途径。广泛开展调查研究，就能增长领导干部的工作本领，不担当不作为的问题就会相应减少。

中共中央办公厅印发的《工作方案》提出，必须坚持攻坚克难，发扬斗争精神，增强斗争本领，勇于涉险滩、破难题，知难而进、迎难而上，把调查研究成果转化为推进工作、战胜困难的实际成效。问题是创新的起点，也是创新的动力源。党的二十大报告指出，我们要增强问题意识，聚焦实践遇到的新问题、改革发展稳定存在的深层次问题、人民群众急难愁盼问题、国际变局中的重大问题、党的建设面临的突出问题，不断提出真正解决问题的新理念新思路新办法。只要坚持攻坚克难，扑下身子搞好调查研究，把问题找准、把思路厘清、把办法找到，推进工作就能事半功倍，战胜困难就能更有底气。

### （一）科学回答中国之问、世界之问、人民之问、时代之问

当前，我国发展面临新的战略机遇、新的战略任务、新的战略阶段、新的战略要求、新的战略环境。我们要在迅速变化的时代中赢得主动，要在新的伟大斗争中赢得胜利，就要在坚持马克思主义基本原

① 习近平：《在学习贯彻习近平新时代中国特色社会主义思想主题教育工作会议上的讲话》，《求是》2023年第9期。

理的基础上，以更宽广的视野、更长远的眼光来思考和把握国家未来发展面临的一系列重大战略问题，在理论上不断拓展新视野、作出新概括。比如，如何解决好发展中的难题、补上发展中的短板，实现经济社会高质量发展？如何把握我国发展第二个百年奋斗目标，更好设计全面建成小康社会之后的发展目标和路径？如何推进各项改革协调配套、系统集成，更好推进国家治理体系和治理能力现代化？如何深入认识和把握我国发展规律，更好推进“五位一体”总体布局和“四个全面”战略布局？如何落实新发展理念、推动实施创新驱动发展战略，更好适应和引领我国经济发展新常态？如何坚持好以人民为中心的发展思想，更好保障和改善民生？如何更好推进外交工作总体布局，在合作共赢中推动人类命运共同体建设，更好营造我国发展的良好外部条件？在党的建设方面，如何始终不忘初心、牢记使命，如何始终统一思想、统一意志、统一行动，如何始终具备强大的执政能力和领导水平，如何始终保持干事创业精神状态，如何始终能够及时发现和解决自身存在的问题，如何始终保持风清气正的政治生态……这些问题，都是关系我国发展全局的重大问题。回答好这些问题，不能闭门造车，不能灵机一动，而是要深入进行调查研究，在调查研究的基础上作出理论概括和政策设计。“我们的调查研究要围绕中心工作，贴近实际、贴近群众、贴近决策，忙在点子上，谋在关键处，做到有的放矢，事半功倍，富有成效。如果脱离中心工作，远离决策需要，其调研效果必然会大打折扣。”[①]要通过广泛深入的调查研究，集中全党全社会智慧，加强理论思考，紧紧围绕新时代新征程党的中心任务，真抓实干、务求实效，聚焦问题、知难而进，以“时时放心不下”的责任感、积极担当作为的精气神为党和人民履好职、尽好责，以新气象新作为推动高质量发展取得新成效，依靠顽强斗争打开事业发展新天地。

① 习近平：《干在实处　走在前列——推进浙江新发展的思考与实践》，中共中央党校出版社2006年版，第537页。

## （二）积极回应人民群众急难愁盼问题

情况越复杂、矛盾越突出，群众寻求帮助和解决的心理越迫切。复杂问题没有简单解决办法，光靠从会议到会议、从文件到文件，是解决不了问题的，只能靠勤于实践、攻坚克难，扑下身子、沉到一线，深入农村、社区、企业、医院、学校、“两新”组织等基层单位，把脉问诊、解剖麻雀，进行问题梳理、难题排查，运用党的创新理论研究新情况、解决新问题。消除贫困、改善民生、实现共同富裕是社会主义的本质要求，是我们党坚持全心全意为人民服务根本宗旨的重要体现，是党和政府的重大责任。党的十九大又把精准脱贫列为三大攻坚战之一。党的十八大以来，以习近平同志为核心的党中央接过历史的接力棒，向绝对贫困宣战。“乡亲们一天不脱贫，我就一天放不下心来。我们党是全心全意为人民服务的党，党的一切工作就是要为老百姓排忧解难谋幸福。全面小康路上一个不能少，脱贫致富一个不能落下。”[①]习近平总书记指出：“调研的目的只有一个，就是看真贫、扶真贫、真扶贫。不了解农村，不了解贫困地区，不了解农民尤其是贫困农民，就不会真正了解中国，就不能真正懂得中国，更不可能治理好中国。”[②]“党的十八大以来，我走遍14个集中连片特困地区，而且年年去、常常去，直接到贫困户看真贫、扶真贫，直接听取贫困地区干部群众意见，不断完善扶贫思路和扶贫举措，不断推进工作，带着感情去抓，带着践行宗旨的承诺去抓，最终在全党全国共同努力下打赢了脱贫攻坚战。”[③]党的十八大以来，习近平总书记以不停歇的脚步丈量着贫困角落，为了打赢脱贫攻坚战，他先后7次主持召开中央扶贫工作座谈会，50多次调研扶贫工作，为打赢脱贫攻坚战运筹帷幄、谋篇布局。比如，在河北阜平同困难群众共商脱贫致富之策，翻山越岭来到湖南

---

① 《高举新时代改革开放旗帜　把改革开放不断推向深入》，《人民日报》2018年10月26日。
② 《习近平关于“三农”工作论述摘编》，中央文献出版社2019年版，第157页。
③ 《习近平谈治国理政》第四卷，外文出版社2022年版，第527页。

湘西十八洞村实地考察，在延安主持召开陕甘宁革命老区脱贫致富座谈会，在贵阳主持召开涉及武陵山、乌蒙山、滇桂黔集中连片特困地区脱贫攻坚座谈会，主持召开中央扶贫开发工作会议，在银川主持召开东西部扶贫协作座谈会，在太原主持召开深度贫困地区脱贫攻坚座谈会，在重庆主持召开解决“两不愁三保障”突出问题座谈会，在疫情防控关键时刻主持召开决战决胜脱贫攻坚座谈会，等等。通过不断调整、优化脱贫政策，终于实现脱贫攻坚的伟大胜利。习近平总书记在一系列重要讲话和文章中，深入阐释了调查研究的意义、内涵、要求、方法等，形成了系统的调查研究理论，极大地发展了马克思主义理论体系。

### （三）勇于破解影响改革发展稳定的突出问题

推进高水平科技自立自强，扩大国内需求、深化供给侧结构性改革、建设现代化产业体系、落实“两个毫不动摇”、吸引和利用外资……改革发展中的重点难点问题，无不牵涉万端，躲不开绕不过。面对新的战略机遇和新的风险挑战，迫切需要通过调查研究把握事物的本质和规律，找到破解难题的办法和路径。习近平总书记高度重视为伟大事业提供科技创新的高层次人才，从首次召开中央人才工作会议到科学家座谈会，再到多次深入科技企业、科研院校会见研究人员，充分体现了这一导向。在新冠疫情肆虐的2020年，习近平总书记把疫情防控工作作为当前最重要的工作，亲赴疫情防控一线考察调研，复工复产期间到浙江、陕西、山西、宁夏、吉林、安徽等多地察看情况，疫情防控常态化后，又针对如何构建强大的公共卫生体系开展调研，为打赢疫情防控这场人民战争提供了准确判断和决策依据。2020年，习近平总书记在浙江考察时发现，在疫情冲击下全球产业链供应链发生局部断裂，直接影响到我国国内经济循环。当地不少企业需要的国外原材料进不来、海外人员来不了、货物出不去，不得不停工停产。

习近平总书记敏锐地察觉到，“现在的形势已经很不一样了，大进大出的环境条件已经变化，必须根据新的形势提出引领发展的新思路”[①]。明者因时而变，知者随事而制。回京后不久，在中央财经委员会第七次会议上，习近平总书记鲜明提出“构建以国内大循环为主体、国内国际双循环相互促进的新发展格局”，之后党的二十大报告将“加快构建新发展格局，着力推动高质量发展”单列为一部分。可见，“调查就像‘十月怀胎’，解决问题就像‘一朝分娩’”[②]，只要通过调查研究把问题的本质和规律把握准确，把解决问题的思路和对策研究透彻，就能运筹帷幄破解发展难题。

### （四）敢于修正政策执行中出现的偏差和错误

毛泽东同志倡导“一切实际工作者必须向下作调查”[③]，“向群众寻求真理”[④]。1961年4月，在党中央大兴调查研究的号召下，63岁的刘少奇同志来到长沙，开始了为期44天的湖南农村调查。在调查中，刘少奇同志以普通劳动者的身份出现，通过开座谈会、实际走访等方式了解到了一些真实情况，掌握了大量一手资料。刘少奇同志此行的目的之一就是了解老百姓反映强烈的公共食堂问题。在他诚恳态度的感染下大家纷纷诉说入食堂后生活上的不便和对生产的影响。在听取群众意见后刘少奇同志说：“我看是这样，因为搞食堂，很多人在一起住，自留地没有了，猪不能养了，鸡鸭不能养了，许多东西比以前少了，社员的生活比前几年差了。……于是，许多人‘坐大船’，不积极。这怪不得你们，首先是我们中央要负责，不晓得你们这种情况。为什么不晓得，还不是官僚主义。”他在出席天华大队总支委会时又说：“看来多数社员是不愿意办食堂，要求散。准不准散？我看

① 《习近平谈治国理政》第四卷，外文出版社2022年版，第174页。
② 《毛泽东选集》第一卷，人民出版社1991年版，第110页。
③ 《毛泽东选集》第一卷，人民出版社1991年版，第791页。
④ 《毛泽东书信选集》，中央文献出版社2003年版，第534页。

应该准。”“看来，1958年10月1日一声喊，食堂就办起来，那是大错误，应该吸取教训。”连日来的调查使刘少奇同志对公共食堂的“优越性”有了比较清楚的认识。他把食堂问题看得很严重：“现在必须看到，在食堂问题上，我们同人民群众有尖锐的矛盾，这是影响工农联盟的。群众很好，农民在等待共产党表示态度，还没有丧失希望。如果还不表示态度，农民就要自己散了，那就被动了。”正是基于这次深入的调查研究，刘少奇同志认识到公共食堂实际上成为束缚农村生产力的枷锁，因此他力主取消公共食堂，为修正党的农村政策作出了应有的贡献。①

**延伸阅读：**

1.毛泽东：《反对本本主义》，载《毛泽东选集》第一卷，人民出版社1991年版。

2.《中共中央关于调查研究的决定》，载《建党以来重要文献选编（1921—1949）》第十八册，中央文献出版社2011年版。

3.《中共中央关于实施调查研究的决定》，载《建党以来重要文献选编（1921—1949）》第十八册，中央文献出版社2011年版。

4.江泽民：《没有调查就没有决策权》，载《江泽民文选》第一卷，人民出版社2006年版。

5.习近平：《谈谈调查研究》，《学习时报》2011年11月21日。

① 王涛：《1961年中央常委农村调查与人民公社体制的调整》，《南华大学学报》（社会科学版）2013年第6期。

# 第二章

# 贯彻调查研究的总体要求

《工作方案》指出“在全党大兴调查研究，要坚持以习近平新时代中国特色社会主义思想为指导，全面贯彻落实党的二十大精神，紧紧围绕党的理论和路线方针政策、党中央重大决策部署的贯彻执行，大力弘扬党的优良传统和优良作风，突出问题导向和目标导向”，明确了新时代新征程做好调查研究“必须坚持党的群众路线”“必须坚持实事求是”“必须坚持问题导向”“必须坚持攻坚克难”“必须坚持系统观念”的总体要求。

## 一、坚持党的群众路线

人民群众是中国共产党的胜利之本和力量之源，群众路线是党的生命线和根本的工作路线。习近平总书记强调：“不论过去、现在和将来，我们都要坚持一切为了群众，一切依靠群众，从群众中来，到群众中去，把党的正确主张变为群众的自觉行动，把群众路线贯彻到治国理政全部活动之中。”[①]调查研究就是一项深入群众、联系群众、为群众办事的工作，在调查研究工作中，各级领导干部要站稳人民立场、拜人民为师。

① 《习近平谈治国理政》，外文出版社2014年版，第27页。

## （一）调查研究要站稳人民立场，坚持人民至上

人民立场是我们党的根本政治立场，是马克思主义政党区别于其他政党的显著标志。“人民群众是共产党存在和发展的基础、力量和智慧的源泉。共产党最基本的一条经验是一刻也不能脱离人民群众。”[①]以习近平同志为核心的党中央念兹在兹的始终是人民，思虑最多的也是人民。中国共产党始终把人民的根本利益高于一切当成讲政治、顾大局、守纪律的核心价值取向，在全党大兴调查研究之风，根本的还是为人民而调查研究。

第一，调查研究要深入群众，增进同人民群众的感情。脚下沾有多少泥土，心中就沉淀多少真情。“要拜人民为师，甘当小学生，特别要多交几个能说心里话的基层朋友，这样才有利于了解真实情况，才有利于把工作做好。”[②]习近平总书记不仅这样要求党员干部，而且以身作则，在调查研究中轻车简行、放下架子、扑下身子，切实做到接地气、通下情。事实一再证明，只有我们把群众放在心上，群众才会把我们放在心上；只有我们把群众当亲人，群众才会把我们当亲人。党员干部需要自觉做到真诚倾听群众呼声、真实反映群众愿望、真情关心群众疾苦，自觉向群众学习、向实践学习，需要杜绝对群众的呼声置若罔闻，对群众的疾苦漠不关心，对群众的利益诉求不以为然，调查研究才能得到最为可靠的一手资料。

第二，调查研究要把人民的利益摆在心中最高位置。利益价值是影响人民群众认同感与归属感的重要变量。调查研究工作只有对人民群众的切身利益进行充分的反映和维护，才能成为走群众路线的工作。唯物史观认为，人民群众是指推动历史进步的绝大部分成员的总和。人民群众的需要和历史发展的需要是相向而行的。调查研究“只

---

① 习近平：《之江新语》，浙江人民出版社2007年版，第146页。

② 《习近平关于调查研究论述摘编》，党建读物出版社、中央文献出版社2023年版，第68页。

有公而忘私，把党和人民利益放在第一位，才能真正做到实事求是"[①]。把调查研究同人民的利益联系在一起，才能充分认识到调查研究与人民至上的一致性，才能为调查研究创设良好的环境与预设良好的价值基点。鉴于此，调查研究工作必须在为人民谋利益上下功夫，必须在为人民解难题上下功夫。人民群众急难愁盼的具体问题大都是与人民群众的具体利益息息相关，大都是关乎民生民计的重要问题，都应该成为领导干部开展调查研究工作重点关注的问题。《工作方案》在"调研内容"里就提到要特别关注"人民最关心最直接最现实的利益问题，特别是就业、教育、医疗、托育、养老、住房等群众急难愁盼的具体问题"。

第三，调查研究要体现人民群众对美好生活的向往。党的二十大报告中"三个务必"新要求之一就是"务必不忘初心、牢记使命"，让人民生活幸福就是"国之大者"。党的十八大以来的变革历程中，伴随小康社会的全面建成，中华民族发展迈上新阶段。如何满足人民群众对美好生活的期待？实现全体人民共同富裕是一个重要着力点。当前，扎实推动共同富裕，已然成为中国共产党新征程上的中心议题。从价值理性来看，实现共同富裕是社会主义的本质要求，体现了社会主义制度的价值立场和正义性，因而也是巩固执政合法性的基础。人民日益增长的美好生活需要与实现共同富裕为中国共产党开展调查研究工作提出了新的要求和任务。

党的十八大以来，以习近平同志为核心的党中央坚持以人民为中心的发展思想，把不断实现人民对美好生活的向往作为党的奋斗目标。习近平总书记心系人民群众，多次到基层一线甚至偏远农村开展调查研究。2013年，习近平总书记来到湖南湘西土家族苗族自治州花垣县十八洞村，了解乡亲们的生活状况。在这里，习近平总书记首次提出"精准扶贫"重要思想，十八洞村和中国其他贫困村一样，命运从此发

---

① 习近平：《谈谈调查研究》，《学习时报》2011年11月21日。

生改变。2015年，习近平总书记到陕西延安延川县文安驿镇梁家河村看望村民。他曾经在梁家河劳动生活了7年，对这里的一草一木、一沟一岔、一峁一梁都饱含深情、时常牵挂。2017年，农历春节前夕，习近平总书记冒着严寒、踏着皑皑白雪来到河北张家口坝上高原地区德胜村，看望困难群众，与基层干部群众一起算扶贫账、谋脱贫计。后来，习近平总书记又到四川三河村、云南司莫拉佤族村、贵州新仁苗族乡化屋村、山西冯南垣村等深入考察人民群众最关心、最直接、最现实的利益问题，倾听百姓的心声，竭尽全力为人民排忧解难，提出精准扶贫、乡村振兴、整治“四风”、为基层减负等许多为民、惠民、富民政策。

### （二）调查研究要拜人民为师，向人民学习

依靠人民是党的传统和优势，是党披荆斩棘、破浪前行的制胜之道，调查研究取得实际绩效即是源自于人民。中国共产党将马克思主义人民主体思想植入全党的调查研究实践过程中，成为党进行调查研究的价值导向。人民群众的社会实践，不仅是获得正确认识的源泉，也是检验和深化认识的根本所在。习近平总书记强调：“人民群众有着无尽的智慧和力量。”①调查研究过程中要重视发挥群众的积极作用，鼓励他们勇于表达自己的意见，主动向群众请教，以群众为师，时刻关注群众的需求，把人民满意度作为衡量工作实效的重要指标。只有基于这样的调研成果，才能制定出有针对性的、经得起人民检验的战略决策。

第一，调查研究的过程就是集中人民群众智慧与力量的过程。“不同的县有着不同的资源和禀赋，要把调查研究作为基本功，深入基层、深入群众、深入实际，了解情况、问计于民。”②人民群众中蕴藏着无穷的智慧和力量，解决发展中的实际问题，进一步提升治理效能，都需要从实践中寻找答案。大兴调查研究之风，必须自觉向群众学习、向实践学习。人民群众在创造性实践中获得的“真知识”、总结的“金点

① 《习近平谈治国理政》第二卷，外文出版社2017年版，第52页。
② 习近平：《做焦裕禄式的县委书记》，《学习时报》2015年9月7日。

子”、闯出的“新路子”，往往能为解决共性问题提供启示。要坚持从群众中来、到群众中去的调研方法，做到转换角色、走进群众，发现和查找工作中的差距不足，加强对问题解决情况的督查督办和跟踪问效，检查工作是否真正落实、问题是否真正解决，从调研的材料中获得思想启迪，从一般性问题中提炼出经验规律。

第二，调查研究的过程就是把党的正确主张变为群众自觉行动的过程。调查研究要拜人民为师、坚持问计于民。大兴调查研究的最终目的，就是为了在把握问题的基础上，制定更多符合群众需要的政策，更好地满足人民对美好生活的向往，把党的正确主张变为群众的自觉行动。一方面，要把调研成果转化为符合群众需要的政策。要根据调研结果，及时制定贴民心、接地气、有实效的政策与方针，着力防止只有调研、没有成效的“假调研”，防止兴师动众、无功而返的“调研秀”。另一方面，将人民群众的无限智慧与力量转化为攻坚克难、不断前行的强大力量，着力推动全党崇尚实干、力戒空谈、精准发力，让改革发展稳定各项任务在调研中落下去，让惠及百姓的各项工作在调研中实起来，不断推动党中央大政方针和决策部署在基层落地生根。

第三，调查研究的过程就是由人民来评判我们工作成效的过程。人民是我们党的工作的最高裁决者和最终评判者。“时代是出卷人，我们是答卷人，人民是阅卷人。”[①]治国有常，利民为本。“我们党的执政水平和执政成效都不是由自己说了算，必须而且只能由人民来评判。人民是我们党的工作的最高裁决者和最终评判者。”[②]人民是党员干部开展调查研究工作的“晴雨表”，“决不能用自我感觉代替群众评价”[③]。调查研究成果的质量如何，决策有无偏差，形成的意见正确与否，最终都要由人民群众的实践来检验。习近平总书记指出：“党中央的政策好不

① 《习近平谈治国理政》第三卷，外文出版社2020年版，第70页。

② 习近平：《在纪念毛泽东同志诞辰120周年座谈会上的讲话》，人民出版社2013年版，第20页。

③ 《习近平关于党的群众路线教育活动论述摘编》，党建读物出版、中央文献出版社2014年版，第61页。

好，要看乡亲们是笑还是哭。如果乡亲们笑，这就是好政策，要坚持；如果有人哭，说明政策还要完善和调整。”①各级领导干部想问题、作决策、办事情都要想一想是不是站在人民立场上，是不是有助于解决人民群众急难愁盼问题，是不是有利于增进人民福祉，增强人民群众的获得感、幸福感、安全感。虽然调查研究工作中会出现一些困难，但是绝大多数人对最终克服困难是持有信心的。这种信心一方面源自于制度的超强整合能力和技术不断进步带来的治理能力提升，另一方面就是源自于中国共产党“为绝大多数人谋利益”的价值关怀。

## 二、坚持实事求是

实事求是作为马克思主义的精髓，是中国共产党人基本的思想方法和工作方法，是检验中国共产党人的立场、品质、责任和胆识的重要标准，是中国共产党人世界观和方法论的基石。“调查研究必须坚持实事求是的原则，树立求真务实的作风，具有追求真理、修正错误的勇气。”②中国共产党人是“靠实事求是吃饭”的，穿越历史长河，实事求是始终闪烁着耀眼的真理光芒。

### （一）调查研究要坚持党性原则

第一，调查研究要坚持一切从实际出发。习近平总书记指出：“全党同志一定要把实事求是贯穿到各项工作中去，经常、广泛、深入开展调查研究。”③“在调查研究中能不能、敢不敢实事求是，不只是认识水平问题，而且是党性问题。”④这些论述把能否在调查研究中坚持实事

① 《习近平扶贫论述摘编》，中央文献出版社2018年版，第35页。
② 习近平：《谈谈调查研究》，《学习时报》2011年11月21日。
③ 《习近平关于“不忘初心、牢记使命”论述摘编》，党建读物出版、中央文献出版社2019年版，第214页。
④ 习近平：《谈谈调查研究》，《学习时报》2011年11月21日。

求是原则提到党性问题的高度。在调查研究中，各级党委和各级政府需要秉承实事求是、一切从实际出发的态度，紧密结合中国国情，坚持全面客观深入地掌握事物情况，把客观事实作为判断认识的真理性的唯一根据，把主要的精力和时间放在弄清“实事”上，用中国办法破解各种“老大难”问题。坚持实事求是，一切从实际出发，最基础的工作在于搞清楚‘实事’、了解实际、掌握实情。这就要求我们必须不断对实际情况做深入系统而不是粗枝大叶的调查研究，使思想、行动、决策符合客观实际。调查研究的重要目的就是了解把握事情的全貌，找到问题的症结所在，厘清解决问题的思路，作出科学有效的决策。坚持实事求是，一切从实际出发，还要正确处理好尊重客观规律和发挥主观能动性的关系。万事万物都有自己的规律，这种规律是客观的，是不以人的意志为转移的。但是，人们在客观规律面前并不是无所作为的，而是可以认识客观规律，并且按照客观规律去改造世界。中国共产党之所以能够在百余年来的调查研究中取得显著成效，一条重要经验，就是遵循了科学规律开展调查研究工作。领导干部在调查研究工作中，需要透过事物的现象寻求事物的内部联系、事物的本质，把握其发展的规律性，从而获得科学的见解。

第二，调查研究要坚持理论联系实际。领导干部在调查研究工作中要正确运用马克思主义的科学方法论，以严谨科学的态度深入工作第一线，掌握翔实的第一手资料，并在此基础上谋划事业发展。新时代新征程，领导干部尤其要掌握习近平新时代中国特色社会主义思想中蕴含的思想方法与工作方法，要认真学习和贯彻习近平总书记关于调查研究工作的重要讲话和重要指示精神，在调查研究工作中见证思想的力量。习近平总书记关于调查研究工作的重要讲话和重要指示精神蕴含着真正规律层面的理论，必须在其指导下自觉、有序地开展调查研究工作，这就要求党员干部不断提高思想水平与理论修养，在调查研究工作中正确地并且创造性地运用马克思主义方法论。此外，要善于把调查研究的实际经验或者存在的问题上升到理论层面来认识和把握。在调查研究工作中的实际经验固然有其宝贵的价值，但是所有的经验都受到具体的历史的条件限定。比如第一个百年奋斗目标实现前的经验，不能完全照搬到第一个百年奋斗目标实现之后的调查研究工作之中。鉴于此，除了自觉地在与调查研究的实践结合中应用好马克思主义方法论，还需要进一步从经验中总结出带有规律性的认识。

第三，调查研究要坚持解放思想。解放思想要求从主体性方面，最大限度地调动主体的创造性、发挥主体的能动性，摆脱思维定势的束缚，破除对于权威观念的迷信，能够以开拓创新的思路与视角去发现问题、解决问题，促进新事物的发展，提高调查研究的成效。单纯的求真务实有时候会比较容易地造成思维上的固化，而在实事求是基础上的解放思想、开拓创新，富有成效地开展调查研究工作，是增强调查研究成效、增强党员干部在调查研究工作中创造力的决定性因素。实事求是、解放思想、与时俱进与卓有成效地开展工作是息息相关的，这也说明了领导干部坚持实事求是、解放思想的科学态度和与时俱进、开拓创新精神的重要性。党员干部在调查研究工作中，需要克服墨守成规的思想，坚持用改革创新的精神研究新情况新问题，在实践中创造性地贯彻落实中央的路线、方针、政策，才能在工作中创造新业绩，开拓新局面。解放思想不是抽象的思想务虚，而是具体的、有针对性的实践要求，以调查研究为前提，有的放矢地解放思想才是实事求是的解放思想，才是真正的解放思想。在调查研究的过程中，解放思想总是扮演着关键的角色，能否实事求是地解放思想直接影响调查研究的进程和效果。

### （二）调查研究要坚持求真务实的作风

第一，调查研究要干实事谋实招求实效。坚持这一作风就要弄清楚、搞明白求的是什么真、务的是什么实这一关键问题。所谓“求真”就是在坚持实事求是基础上敢于讲真话，敢于坚持真理，敢于反映现实。所谓“务实”就是调查研究要干实事、求实效，回答和解决社会上的现实问题。要在调查研究工作中做到求真务实，务必要做到全面、深入，深入实际、深入基层、深入群众进行调查研究，全方位、多层次、多渠道进行调查研究。在实际调查研究工作中，背离求真务实作风的现象屡见不鲜。比如，在调查研究工作中还存在着一些浮光掠影、人到心不到的“蜻蜓点水”式调研，作指示多、虚心求教少的“钦差”式调研，自主性差、丧失主动权的“被调研”，到工作成绩突出的地方调研多、到情况复杂和矛盾突出的地方调研少的“嫌贫爱富”式调研等。对此，习近平总书记强调，为了把存在的矛盾和困难摸清楚，把各项工作做实做好，需要在调查研究中，“真正把功夫下到察实情、出实招、办实事、求实效上”①。“察实情、出实招、办实事、求实效”，就是作风要实，全面深入细致地了解实际情况，善于分析矛盾、发现问题，透过现象看本质，把握规律性的东西，真正做到听实话、摸实情，提出解决问题的办法要切实可行，制定的政策措施要有较强操作性。《工作方案》提到了“四不两直”。什么是“四不两直”？就是不发通知、不打招呼、不听汇报、不用陪同接待，直奔基层、直插现场的调研方法。新时代中国社会主要矛盾的转化与中心任务的转变给中国共产党调查研究工作提出了更高的使命要求。

第二，调查研究要坚决反对形式主义、官僚主义。总体而言，马克思主义方法论满足了调查研究工作的方法论需要，很好地解决了调查研究工作中“桥”或“船”的问题，调查研究成效有目共睹。但是，按照辩证法批判和革命的精神，我们理性地审视与反思马克思主义方法论在调查研究工作中的运用生态时会发现，个别党员干部在调查研究中存在形式主义、官僚主义问题。集中表现为个别领导干部没有认真学习与领会习近平总书记关于调查研究工作的重要讲话和重要指示精神，没有认真落实党中央关于调查研究工作的战略部署或者落实部

① 《习近平关于调查研究论述摘编》，党建读物出版社、中央文献出版社2023年版，第78页。

署措施不妥当、不扎实，消极对待人民群众的合情合理合法诉求，基层调研工作人员疲于填表、迎来送往等。我们正在进行的调查研究工作可以说是一场具有新的历史特点的伟大斗争，如果放任本领不足、本领恐慌，不仅会落后于斗争实际，不能符合斗争要求，甚至会落后于人民群众的认识，成为人民群众的“尾巴”。

形式主义、官僚主义作为一种复杂的历史现象，如同幽灵一般徘徊在历史的上空，是党和人民深恶痛绝的敌人。在调查研究工作中，虽然存在面并不宽泛，但是它的惯性力量所造成的危害性却不容忽视。作为政治问题，它是党中央决策部署贯彻落实的“拦路虎”，是破坏党的政治原则和政治纪律的“绊脚石”；作为立场问题，它是对站在最广大人民政治立场的严重背离，是对共产党人宗旨、初心的严重背离；作为作风问题，它体现为不严不实的特征，缺乏求实思想、务实态度、扎实举措，务虚功、图虚名、搞虚夸；作为能力问题，它体现为在调查研究工作中找不到方向、抓不住重点。鉴于上述形式主义、官僚主义的种种问题，党员干部需要在调查研究工作中把力戒形式主义、官僚主义作为重要任务，继续高度警惕、大力整治。可以肯定地说，在调查研究工作中还将受到形式主义、官僚主义的困扰，而破除形式主义、官僚主义的困扰，既要求党员干部在马克思主义方法论适用上进行改造主观世界的自我革命，改造客观世界的真抓实干，也要求党建立起纠治形式主义、官僚主义的长效机制。也可以肯定地讲，在调查研究工作中将不只受到形式主义、官僚主义的困扰，还会受到教条主义、主观主义、经验主义等的困扰，必须自觉摆脱马克思主义方法论的贫困状态，掌握和运用马克思主义方法论研究和解决好实践中出现的各种深层次的矛盾和问题。

第三，调查研究要敢于讲真话、敢于追求真理。领导干部应该具有“不唯上、不唯书、只唯实”的精神，要有敢于讲真话，敢于追求真理的勇气。不能为已有的决策去找例子、去做注解，因为已有的决策可能会存在一些不成熟不完善的地方。在实际的调查研究工作中很可能存在着一些突发状况，这就要求党员干部在调查研究过程中按照客观事物的本来面目反映情况和问题，为决策提供可靠依据。坚持根据形势变化，面向调查研究的现实发展方向，面向科学技术的总体进步，勇于正视并且认真探索调查研究实践。在摸清楚事物本来面目、本身情况的前提下，大胆发表自己的看法与提出自己的意见。对不同看法和问题用事实有根有据地开展讨论并对调研结果负责。如果政策有错误，就及时提出来加以改正；如果政策不完整，就及时提出来加以修补。这是对党员干部基本素质的考验，也是对党员干部世界观与党性修养的考验。

## 三、坚持问题导向

问题是时代的口号。任何科学有效的调查研究都是围绕问题展开的，通过调查研究发现问题、研究问题和解决问题，把握事物的本质和规律。《工作方案》明确提出，“在全党大兴调查研究，要紧紧围绕全面贯彻落实党的二十大精神、推动高质量发展，直奔问题去，实行问题大梳理、难题大排查，着力打通贯彻执行中的堵点淤点难点”。直奔问题去，敢于正视问题、善于发现问题，以解决问题为根本目的，才能把情况摸清、把问题找准，不断提出真正解决问题的新思路新办法。

### （一）调查研究要增强问题意识，聚焦现实问题

发现问题、找准问题，是解决问题的前提。调查研究不是漫无目的的，而是具有针对性的，有靶向要求的，“要有明确的目的，带着问题下去，尽力掌握调研活动的主动权”[①]。那么，具体带着什么样的问题下去呢？党的二十大报告明确指出：“我们要增强问题意识，聚焦实践

① 习近平：《谈谈调查研究》，《学习时报》2011年11月21日。

遇到的新问题、改革发展稳定存在的深层次问题、人民群众急难愁盼问题、国际变局中的重大问题、党的建设面临的突出问题，不断提出真正解决问题的新理念新思路新办法。”

第一，调查研究要聚焦实践中出现的新问题。党的二十大报告中强调，中国特色社会主义是实现中华民族伟大复兴的必由之路。在这场新的伟大社会革命实践中，以“中国特色社会主义”为核心的话语与以“实现中华民族伟大复兴”为核心的话语相互交织。这就把中国共产党肩负的民族复兴使命和中国的社会主义前途结合在一起。这里一个不争的共识性认识是，中国特色社会主义决定着国家未来走向与未来形态。中国特色社会主义不是“既成”的存在，它是坚持求真务实原则、总结经验教训、准确认识中国国情与正确解决社会主要矛盾而走出来的道路，既包含了对社会主义的再认识，也包含了根据变化了的实际所进行的改革创新。邓小平同志指出，“要向前看，就要及时地研究新情况和解决新问题，否则我们就不可能顺利前进”[①]。中国特色社会主义是一项充满探索性、创新性的伟大事业。作为一种系统性的经济、政治、社会、文化和生态变革，中国特色社会主义事业涉及多个变量的复杂互动，这包括现代国家制度体系的建构、文化价值观的重塑、经济社会结构的再造等，表现为从“片面的现代性”到“全面的现代性”，从“传统文明”到“现代文明”等的深刻转变。面对制度与文化深处的结构性问题，中国将主动或被动地启动实质转型，为了避免陷入被动转型的境地，需要在使命引领下，通过调查研究，做好中国特色社会主义事业中的各项工作。

第二，调查研究要聚焦改革发展稳定存在的深层次问题。党的二十大报告指出：“我国发展不平衡不充分的问题仍然突出，推进高质量发展还有许多卡点瓶颈，科技创新能力还不强；确保粮食、能源、产业链供应链可靠安全和防范金融风险还须解决许多重大问题……形

---

① 《邓小平文选》第二卷，人民出版社1994年版，第149页。

式主义、官僚主义现象仍较突出；铲除腐败滋生土壤任务依然艰巨，等等。”比如习近平总书记曾提到的我国内部环境面临的“中等收入陷阱”“塔西佗陷阱”，外部环境面临的“修昔底德陷阱”等，都需要调动一切可以调动的积极因素切实去解决与应对，积极创造“两个大局”的有利态势。要想在复杂局势中获得清醒认知，找到成因复杂矛盾交织的根源所在，寻求到解决这些重大问题的突破口，就必须进行调查研究，向调查研究问答案。

第三，调查研究要聚焦人民群众急难愁盼问题。进入中国特色社会主义新时代，“以人民为中心”是国家制度建设与国家治理的核心价值理念，是开创新局面的根本出发点和落脚点，建构在“以人民为中心”的公共价值内核基础上的调查研究才可能是取得调研成效的最优解。当前我国打赢了人类历史上规模最大的脱贫攻坚战，全面建成了小康社会。但我国城乡区域发展和收入分配差距仍然较大，群众在就业、教育、医疗、托育、养老、住房等方面面临不少难题，社会保障问题解决的基础仍然不牢。为此，调查研究要始终坚持人民至上的工作导向与走群众路线的工作方式，紧紧抓住人民最关心最直接最现实的利益问题。对收入分配制度改革、就业促进机制、社会保障体系等关乎人民群众获得感、幸福感与安全感方面的问题给予特别关注。

第四，调查研究要聚焦国际变局中的重大问题。中华民族伟大复兴战略全局和世界百年未有之大变局是领导干部做好调查研究工作的科学基点。“世界百年未有之大变局”是包含着丰富中国因素的“大变局”，为中华民族实现伟大复兴提供了重要的历史契机，为中国提升影响力与话语权提供了外部条件。世界处于百年未有之大变局，世界历程与信息革命推动世界政治经济格局深刻调整、人类交往深化扩大。大变局下大挑战与大机遇共存。比如就大挑战而言，国际经济政治秩序中依然存在着结构性和制度性的不合理性。以美国为首的西方国家从霸权视角不断炮制与渲染“中国崩溃论”“中国威胁论”等，企图遏制中国和平发展、阻挠中国统一进程。如何应对大挑战与抓住大机遇考验着中国共产党人的执政智慧。重要的一点，是要加强调查研究，在更加宏大的世界历史谱系中探索中华民族伟大复兴的实现方式。

第五，调查研究要聚焦党的建设面临的突出问题。全面建设社会主义现代化国家、全面推进中华民族伟大复兴，关键在党。中国共产党是一个具有高度历史主体性的马克思主义使命型政党。由于高度的使命自觉，中国共产党推进中华民族伟大复兴进入不可逆转的历史进程。从“工程学”的视角分析，我们可以将新时代党的建设新的伟大工程称为党的建设“第三个伟大工程”。为了提供更坚实的政治保证，需要在全面推进中华民族伟大复兴进程中，健全与之相适应的领导布局、完善与之相协调的体系建设、拓展与之相匹配的使命型政党功能等方面进行整体谋划。此外，党的二十大把党的自我革命置于前所未有的高度，强调党的自我革命是“跳出治乱兴衰历史周期率的第二答案”。党面临着包括执政考验、改革开放考验、市场经济考验、外部环境考验在内的“四种考验”，也面临着包括精神懈怠危险、能力不足危险、脱离群众危险、消极腐败危险在内的“四大危险”，为了在长期执政条件下永葆马克思主义政党本色，在市场经济环境中抵御“围猎”风险，在改革开放征程上秉持“守正出新”，需要“在充分调查研究基础上，深入研究推进新时代党的建设新的伟大工程面临的重大理论和实践问题”[①]。

## （二）调查研究要落实政策，以解决问题为根本目的

第一，调查研究要将“调查”与“研究”统一起来。做好调查研究，一方面要进行调查，另一方面要进行研究。调查和研究是调查研究过程中的不同侧面与不同阶段，其中调查是基础，研究是关键，二者是不能截然分开的，贯穿于调查研究全过程。调查是为了全面掌握实际

① 《习近平关于调查研究论述摘编》，党建读物出版社、中央文献出版社2023年版，第15页。

情况而对材料的收集，研究是在调查的基础上对材料的分析和论证。没有深入切实的调查，研究就会失去客观依据，就会造成研究成果的失实失真。没有深刻缜密的研究，调查就不能从感性认识上升到理性认识，就不能通过现象看到本质。对于通过调查而了解到的情况，必须加以研究，去其糟粕，取其精华。研究很重要，只有通过研究，才能透过现象看本质。现实工作中，领导干部在调查研究中将调查与研究有机结合在一起并不是一件容易的事情，调查与研究在应然层面应该统一，在实然层面却存在着分离的危险。有些领导干部在调查研究中只重视社会调查而忽视了理论研究，有些领导干部则是只专注理论研究而忽视了掌握调查材料，这两种现象都是在调查研究中没有完全发扬理论联系实际作风的体现。

鉴于此，领导干部在调查研究工作中，要边调查边研究，把调查与研究有机结合起来。带着问题、带着目的有针对性地调查搜集资料，同时对获取的调查材料“剥茧抽丝”和“追根究底”式地科学分析研究。在此过程中，注重运用习近平新时代中国特色社会主义思想的世界观、方法论和贯穿其中的立场观点方法，进行深入分析、充分论证、充分综合，把个体与总体之间以及它们与周边环境相互作用、相互联系的作用条分缕析清楚，进而揭示总体的运动规律与发展趋势，由此获得对于调查总体的正确认识，制定切实可行的政策。特别是对那些具有普遍性和制度性的问题、涉及改革发展稳定的深层次关键性问题，以及难题积案和顽瘴痼疾等，要研究透彻、找准根源和症结。为了提升调查研究的质量，还应注重对调查研究的评价和评估，形成“调查研究—对策建议—评估优化”的程序闭环。“对尚未研究透彻的调研成果，要更深入地听取意见，完善后再付诸实施；对已经形成举措、落实落地的，要及时跟踪评估，视情况调整优化。”①

第二，调查研究要务求实效，以解决问题为根本目的。解决问题

① 《年轻干部要提高解决实际问题能力想干事能干事干成事》，《人民日报》2020年10月11日。

是坚持问题导向开展调查研究的最后一个环节。调查研究搞得好不好，关键要看实际效果，看能否把问题解决好。“衡量调查研究搞得好不好，不是看调查研究的规模有多大、时间有多长，也不是光看调研报告写得怎么样，关键要看调查研究的实效，看调研成果的运用，看能不能把问题解决好。”[①]调查研究所追求的不应该是风风火火、冠冕堂皇的形式主义上的做派，所解决的实际问题、所获取的实际效果才是衡量调查研究水平高低的重要评判标准。党员干部在调查研究工作中要重视问题的解决，对于在调查研究过程中反映和发现的问题，形成问题清单、责任清单、任务清单，制定实效性、操作性较强，成本较低的解决问题的最优对策和举措，最后变“问题清单”为“成果清单”。

党的二十大关于“党的自我革命”“中国式现代化”“人类文明新形态”“高质量发展”等新观点新论断新思想都告诉我们，我们又一次站在新的历史起点上，进入了一个以“全面建成社会主义现代化强国、全面推进中华民族伟大复兴”为奋斗目标的新阶段。这无不是我们党顺应人民期待、把握客观规律，基于“问题意识”作出正确决策的结果。例如，党的二十大报告指出，高质量发展是全面建设社会主义现代化国家的首要任务。从通过推动高质量发展来不断厚植物质基础的必要性和紧迫性来看，它关乎中国式现代化的顺利推进、关乎社会主要矛盾的有效解决、关乎在世界百年未有之大变局中战略制高点的抢占，进而关乎以中国式现代化全面推进中华民族伟大复兴的水平。因此，必须坚持以高质量发展为主题。从高速增长向高质量发展的转换过程，既是一个经济增长方式的转变过程，更是一个体制机制改革的过程。调查研究是我们党的看家本领，高质量发展是建设中国特色社会主义现代化国家的首要任务，把看家本领运用于首要任务，是对人民、对时代、对未来负责的表现。

---

① 习近平:《谈谈调查研究》,《学习时报》2011年11月21日。

# 四、坚持攻坚克难

《工作方案》指出，在全党大兴调查研究，“必须攻坚克难，发扬斗争精神，增强斗争本领，勇于涉险滩、破难题，知难而进、迎难而上，把调查研究成果转化为推进工作、战胜困难的实际成效”。虽然中华民族伟大复兴已经进入不可逆转的历史进程，但是这一进程中依然面临众多结构性和系统性难题，全面建成社会主义现代化强国、全面推进中华民族伟大复兴的使命任务依然任重道远，不可逆转的历史进程也需要持续推进。新时代中国共产党人须自觉把握历史大势、掌握历史主动，通过调查研究把握事物的本质和规律，找到破解难题的办法和路径。领导干部必须知重负重，在调查研究过程中坚持攻坚克难，强化斗争意识，发扬斗争精神，增强斗争本领，面对困难“敢叫板”、面对难题“不退缩”、面对矛盾“能冲锋”，全力把调查研究成果转化为推进工作、战胜困难的实际成效。

## （一）调查研究要发扬斗争精神、增强斗争本领

攻坚克难是中国共产党人不断从胜利走向新的胜利的精神品质和能力素质，也是新征程上开展调查研究必须贯彻的基本要求。周恩来同志曾说：“下去调查，要敢于正视困难，解决困难。一个困难问题解决了，新的困难问题又来了。共产党人就是为不断克服困难，继续前进而存在的。畏难苟安，不是共产党人的品质。”[①]调查研究必须敢于攻坚克难，直面矛盾问题，在急流险滩面前逆流而上、敢闯敢试，在风险挑战面前迎难而上、敢为人先。

第一，调查研究要发扬斗争精神。调查研究工作不是一个冲锋就能大获全胜，必须把调查研究路上面临的风险挑战与矛盾想得再充分

---

① 《周恩来选集》下卷，人民出版社1984年版，第314页。

一些、严峻一些。当前，我们正处于船到中流浪更急、人到半山路更陡的关键时期。前进道路上，还有许多“雪山”“草地”需要跨越，还有许多“娄山关”“腊子口”需要征服，我们必须准备经受风高浪急甚至惊涛骇浪的重大考验。[①]在调查研究工作中面对各种重大挑战、重大风险、重大阻力、重大矛盾，迫切需要发扬斗争精神，找到事物的本质和规律，找到破解难题的办法和路径。领导干部进行调查研究，既要到工作开展好的地方去总结经验，又要到困难较多、情况复杂、矛盾尖锐的地方去调研解决问题。《工作方案》指出要围绕12个主要方面，梳理出一些重点问题、具体问题、老大难问题。这些都是直接关系到社会健康发展的现实问题，也是我们攻坚克难的方向。解决这些重点问题、具体问题、老大难问题需要我们增强斗争意识、忧患意识、风险意识，重点防控那些可能迟滞或中断正常调查研究工作的风险挑战，牢牢把握调查研究的主动权。党员干部在调查研究过程中要敢于斗争、善于斗争，不惧怕风险挑战、不回避矛盾问题，敢接“烫手山芋”、敢啃“硬骨头”，多到分管领域的基层一线去，多到困难多、群众意见集中、工作打不开局面的地方去，体察实情、解剖麻雀，全面掌握情况，做到心中有数。党的十八大以来，习近平总书记每到地方考察都要看脱贫、问脱贫、抓脱贫，直接深入贫困户家中看真贫、扶真贫，直接听取贫困地区干部群众意见，不断完善脱贫思路和脱贫举措，形成了精准扶贫方略，带领全党全国打赢了脱贫攻坚战，历史性地解决了绝对贫困问题。精准扶贫方略的提出，就是一个深入观察、深入调研、深入思考的过程。

第二，调查研究要增强斗争本领。党员干部开展好调查研究需要发扬斗争精神，增强斗争本领，如果放任本领不足、本领恐慌，不可避免会落后于斗争实际，不能符合斗争要求。一是强化理论武装。早在1941年，毛泽东同志在《改造我们的学习》一文中就明确批评了当时党内存在的“不注重研究现状，不注重研究历史，不注重马克思

---

① 中共中央宣传部：《习近平新时代中国特色社会主义思想学习纲要》，学习出版社、人民出版社2023年版，第285页。

列宁主义的运用”的现象。就新时代的调查研究工作而言，是要掌握习近平新时代中国特色社会主义思想中蕴含的思想方法与工作方法，是要认真学习和贯彻习近平总书记关于调查研究工作的重要讲话和重要指示精神，在调查研究工作中见证思想的力量。这就要求党员干部不断提高思想水平与理论修养，在调查研究工作中正确地并且创造性地运用马克思主义方法论。二是强化价值引领。在调查研究工作中提高党员干部的水平与能力，必须坚定推进调查研究工作面向科学、面向人民。在事实层面，坚持辩证唯物主义、历史唯物主义世界观和方法论，坚持实事求是的思想路线，集中优势力量解决牵一发而动全身的关键问题；在价值层面，坚持从群众中来、到群众中去的根本工作方法，用以人民为中心的理念推动矛盾问题解决。建构符合特定情境的公共价值是调查研究的逻辑起点和理论落脚点，其核心价值内容必须代表国家与社会的集体偏好和价值共识。三是提升思维品质。恩格斯说：“一个民族要想站在科学的最高峰，就一刻也不能没有理论思维。”[①]提高科学思维能力是调查研究工作能力建设的重要内容，也是学习习近平总书记关于调查研究重要论述的方法论体现，包括坚持谋全局的战略思维导向、知大势的历史思维导向、补短板的创新思维导向、求平衡的辩证思维导向、坚持防风险的底线思维导向、求善治的法治思维导向等。关于在调查研究工作中增强创新思维，习近平总书记将创新看作是中华民族最深沉的民族禀赋，把创新理念当作新发展理念之首。在推动创新解决新矛盾、引领新常态过程中，创新思维为调查研究工作提供了坚实的制度支撑与技术支持。需要把现代信息技术引入调查研究领域，创新调查研究的手段、方法，提高调查研究的效率和科学性。

### （二）调查研究要把成果转化为战胜困难的实际成效

马克思指出：“对实践的唯物主义者即共产主义者来说，全部问题

---

① 习近平：《在纪念马克思诞辰200周年大会上的讲话》，人民出版社2018年版，第15页。

都在于使现存世界革命化，实际地反对并改变现存的事物。”[①]在精准把握事物的本质和规律中找到破解难题、促进工作的办法和路径，思路实、措施实、抓落实，才能打通影响推进中国式现代化的堵点淤点难点，把调查研究成果转化为推进工作、战胜困难、推动高质量发展的实际成效。调查研究是一个经由实践、应用于实践、并由实践检验的完整链条，必须抓好调研成果的转化应用，并形成科学的评价机制来不断检验调研成果应用实效，切实推动调查研究在实践中真正形成良性、完整的循环。通过调查研究剖析矛盾问题背后的深层次原因，制定务实管用的举措，真正解决实际工作中遇到的各种难题，切实把调查研究成果转化为推进工作、战胜困难的实际成效。

第一，推动党和国家制定正确决策。调查研究是党和国家制定正确决策的前提和基本途径，当调查研究在全社会蔚然成风的时候，便能适应党和国家中心工作的需要和领导决策的需求；当调查研究被忽视被搁置的时候，则会阻碍党和国家实际工作的推进，影响领导决策的时效性与科学性。“为了防止和克服决策中的随意性及其造成的失误，提高决策的科学化水平，必须把调查研究贯穿于决策的全过程，真正成为决策的必经程序。”[②]调查研究工作把党和国家的路线、方针、政策与实际情况结合起来，通过调查研究捕捉领导听不到、看不到和想不到的新情况，为领导决策提供新的思路，使调查研究的成果特别是提出的对策建议，既符合中央精神，又切合地方实际，具有决策的参考性和实施的可操作性。

第二，推动解决新时代中国社会重大矛盾问题。党的十八大以来，各级领导干部在习近平总书记关于调查研究重要论述的指导下，深入实际、深入基层、深入群众调查了解情况，开展大大小小的调研活动，深入实地了解中国社会发展实际，寻找社会发展的难点所在、问题的症结所在，理性思考并作出正确决策，制定有力政策，进而推动社会

① 《马克思恩格斯选集》第一卷，人民出版社2012年版，第155页。
② 习近平：《谈谈调查研究》，《学习时报》2011年11月21日。

良好健康发展。比如，在广泛调研的基础上，以习近平同志为核心的党中央创造性地提出精准扶贫新理念和以厕所革命破解乡村治理难题的新思路，切实改善了人民生活条件，打赢了脱贫攻坚战。在习近平总书记关于调查研究重要论述的指导下，领导干部围绕生态问题开展广泛调查研究活动，实地考察存在的生态问题和生态保护情况，在此基础上形成很多生态文明建设新理念、新对策。习近平总书记本人也以身垂范，在广泛调研的基础上形成了新时代推进生态文明建设的“六项原则”，对生态建设作出一系列新要求、新指示。在习近平生态文明思想的指导下，我国的生态文明建设稳步推进并取得可喜的成就，以思想与行动双向推动生态保护，绿色发展成效明显，美丽中国建设日新月异。

第三，改善领导干部的工作作风。全党大兴的调查研究之风，使全党形成了崇尚实干、求真务实、脚踏实地的良好党风政风。习近平总书记曾深刻指出：“调查研究是加强党的作风建设的切入点和重要环节。”[①]我们党从来不回避矛盾，不躲避问题，而是不断强调和加强调查研究，切实提高了调查研究的成效，切实涵养了领导干部求真务实、为民服务的工作作风。习近平总书记总结毛泽东同志主导的整风运动宝贵经验，在全党大兴调查研究之风，要求领导干部带头形成“头雁效应”。党员干部从上到下坚持调查研究，在调查研究的过程中坚持人民至上，遵循为人民服务的宗旨，坚持实事求是的原则，坚持一切从实际出发，有利于形成敢讲真话、实话的良好氛围，有助于发扬党的优良作风，营造良好的党内政治生态，促进改进工作作风的长效化。此外，习近平总书记倡导要建立和完善制度，通过制度保证调查研究经常化，坚持和完善先调研后决策的重要决策调研论证制度、领导干部的调研工作制度、领导干部的联系点制度。改善领导干部的工作作风也是密切党群关系、巩固党的执政地位的过程。我们党面临的“四

① 习近平：《干在实处　走在前列——推进浙江新发展的思考与实践》，中共中央党校出版社2006年版，第535页。

大危险”之一就是“脱离群众危险”，广大领导干部在调研过程中，改变了以往某些走马观花、蜻蜓点水式的形式主义调研，而是弯下身子察实情、摸实况，这些变化让人民能够真实感受到我们党切实解群众之忧的真心和坚定为民的决心。

## 五、坚持系统观念

辩证唯物主义告诉我们，世界上的万事万物都是相互联系、相互作用的系统性存在。只有用普遍联系的、全面系统的、发展变化的观点观察事物，才能把握事物发展规律。《工作方案》强调：“必须坚持系统观念，深入实际、深入基层、深入群众调查了解情况，把握好全局和局部、当前和长远、宏观和微观、主要矛盾和次要矛盾、特殊和一般的关系，前瞻性思考、全局性谋划、整体性推进党和国家各项事业。”这一要求，明确了调查研究和系统观念之间的密切联系和辩证关系，为全党大兴调查研究提供了科学方法指导。新征程大兴调查研究，同样离不开整体思维，要深刻认识到全面建设社会主义现代化国家是一个庞大的系统工程，明晰其中各个领域、各项工作的关联性和互动性，既避免调研分析中的“盲人摸象”，又避免调研决策中的“畸轻畸重”，做到“十个指头都动作”，努力在统筹兼顾中实现协调发展，在综合平衡中提升整体效能，真正使各项工作相辅相成、相得益彰，推动党和国家事业不断迈上新台阶。

### （一）调查研究要全面、客观、准确

调查研究是认知事物、发现问题、解决矛盾的活动，是科学决策的先决条件。调查研究的对象、内容是否全面系统，方法、手段是否全面可靠，决定我们对客观事物认知的程度以及进行决策的科学程度。

因此，要多层次、多方位、多渠道地调查了解情况。只有这样，调查研究才能获得全面、真实的情况，找到正确解决问题的新视角、新思路和新对策。

第一，注重调研对象的整体性。新阶段新征程大兴调查研究，要多层次、多方位、多渠道地掌握了解调查研究对象的情况。习近平总书记指出："要加强调查研究，坚持发展地而不是静止地、全面地而不是片面地、系统地而不是零散地、普遍联系地而不是单一孤立地观察事物，准确把握客观实际，真正掌握规律，妥善处理各种重大关系"[①]。其一，把握好全局和局部的关系。从全局、整体去考虑，避免"只见树木，不见森林"，同时，做到"以一域服务全局"。其二，把握好当前和长远的关系。既"立足当前"，一步一个脚印解决具体问题，多献务实之策，又"着眼长远"，认清大势、看准问题与辨明方向。其三，把握好宏观和微观的关系。2021年12月，习近平总书记在中央经济工作会议上强调，"把政治经济、宏观微观、战略战术有机结合起来，做到谋划时统揽大局、操作中细致精当，防止因为'细节中的魔鬼'损害大局"。其四，把握好主要矛盾和次要矛盾的关系。在开展调查研究时，坚持两点论和重点论的统一。以重点突破带动整体推进，在整体推进中实现重点突破。其五，把握好特殊和一般的关系。既要做到具体问题具体分析，一把钥匙开一把锁，又要善于从个性中找到共性，从苗头中发现倾向性，把零散的认识系统化、把粗浅的认识深刻化。

第二，注重调研内容的系统性。以中国式现代化全面推进中华民族伟大复兴是一个系统性工程，面临的风险挑战也具有系统性，这就要求调查研究内容要全面系统。调查研究，既要围绕"战略全局"与"大变局"带来的战略机遇期，塑造和用好重要战略机遇期，深化国家治理体系和治理能力的建设，也要正视"两个大局"交汇碰撞所带来

---

① 《坚持运用辩证唯物主义世界观方法论　提高解决我国改革发展基本问题本领》，《人民日报》2015年1月25日。

的严峻风险挑战，清醒地认识国内国际各种不利因素的长期性、复杂性。只有通过全面、系统的调查研究，方能提出有效的防范化解之策。调查研究，既要围绕厚植民族复兴的物质根基，贯彻新发展理念、加快构建新发展格局、构建高水平社会主义市场经济体制展开，也要紧扣厚植民族复兴的精神根基，发掘和传承优秀传统文化精神、焕发整个民族强大的精神力量推进；既要围绕新时代党的建设新的伟大工程，以党的自我革命引领社会革命展开，也要紧扣满足人们对美好生活的需要，提升人民群众获得感、幸福感、安全感，实现全体人民共同富裕与促进每个人的自由全面发展深入。

第三，注重调研方法的多样性。科学的调研方法是提高调查研究效果的根本保证。毛泽东同志在总结实践经验的基础上提出一系列调查研究的方法，主要包括开调查会、做典型调查，带着问题去调查研究，注重矛盾分析法和阶级分析法，以及“走马看花”和“下马看花”相结合的方法等。比如，关于调查会，毛泽东同志指出：“开调查会，是最简单易行又最忠实可靠的方法。”①在当时特定的情况下，开调查会是一种成本低、效果好的了解情况的方式，不仅可以面对面交流，还能够及时了解情况，方便快捷。毛泽东同志在开展农村调查时，最常用的调查研究方法就是开调查会。习近平总书记结合新时代的特征，深化了毛泽东同志的调查研究方法，主要包括开展专题座谈会、调查研究要坚持点面结合、坚持宏观与微观相结合、坚持以问题为导向等，还曾创新性提出调查研究的“五字诀”，即“深、实、细、准、效”，并指出要学习、掌握和运用现代科学技术的调研方法，要制定调研工作制度，致力长效化常态化，致使调查研究更好地为解决实际问题服务。为了提高调研工作的效率和调研成果的质量，党员干部还必须适应经济社会发展变化的新情况，善于运用科学的调查方法，综合运用经济学、社会学、信息论、系统论、控制论等多学科理论，为正确决策提

① 《毛泽东选集》第三卷，人民出版社1991年版，第790页。

供全面、翔实、可靠的信息和数据。

第四，注重调研结果的全面性。调查研究结果是检验调查研究成败的重要标准。为了判断调查研究的成效，需要以问题导向回答好“是什么、为什么、怎么办”三个重要问题。首先，党员干部在调查研究中，要弄清楚“是什么”的问题，需要对调查研究中的问题进行系统性、全面性梳理，辨识出哪些问题是基础性、全局性、深层次的问题，哪些是表面的、局部的、浅层的问题，兼顾所有问题的面，既顾及每个问题，又突出重点难点。其次，党员干部在调查研究中，要弄清楚“为什么”的问题。这就要求党员干部能够从多维度、多侧面、多层次透视问题真相，厘清错综复杂现象背后的原因，准确把握事物的本质和规律，防止以偏概全、顾此失彼。最后，党员干部在调查研究中，要弄清楚“怎么办”的问题。这就要求党员干部站在全局高度，系统性思考问题对策，给出最优解决路径，避免头痛医头、脚痛医脚，特别是在实践中，对表现在基层、根子在上面的问题，对涉及多个地区或部门单位的问题，上下协同、整体推动解决。

## （二）调查研究要“解剖麻雀”、突出重点

“有的放矢、谋在关键”是习近平总书记关于调查研究重要论述的一个核心观点，体现了调查研究重点论的主要内涵。重点论是马克思主义矛盾观在调查研究领域中的实践，深化了马克思主义辩证法的内容，体现在安排调研计划时要抓主要矛盾，在具体调研的过程中，许多矛盾也是同时存在的，要集中力量解决主要矛盾，因为“捉住了这个主要矛盾，一切问题就迎刃而解了”①。

第一，调查研究要服务重大战略。“战略问题是一个政党、一个国家的根本性问题。”②中华民族伟大复兴战略全局和世界百年未有之大变局是新时代新征程全面推进中华民族伟大复兴的基点。党员干部要胸

① 《毛泽东选集》第一卷，人民出版社1991版，第322页。
② 《习近平谈治国理政》第四卷，外文出版社2022年版，第31页。

怀中华民族伟大复兴战略全局和世界百年未有之大变局，树立大历史观，从历史长河、时代大潮、全球风云中分析演变机理、探究历史规律，提出因应的战略策略，增强工作的系统性、预见性、创造性。“两个大局”呈现出同步交织、相互激荡的互动关系。中华民族伟大复兴战略全局是包含着丰富世界因素的“战略全局”，是实现第二个百年奋斗目标的国内大局，同时是世界百年未有之大变局的重要推动力量，推动着世界政治格局和经济格局的重新建构。世界百年未有之大变局是包含着丰富中国因素的“大变局”，为中华民族实现伟大复兴提供了重要的历史契机，为中国提升影响力与话语权提供了外部条件。面对“两个大局”的历史性交汇，深刻认识和正确把握我们所面临的时与势，对于看清方向和方位大有裨益。习近平总书记作出重要战略判断，“当今世界正经历百年未有之大变局，但时与势在我们一边，这是我们定力和底气所在，也是我们的决心和信心所在”[①]。新时代新征程，中国共产党人应坚定战略自信，坚定不移走好自己的路，在实现第二个百年奋斗目标的历史关键节点利用好战略机遇，认真做好调查研究工作，深化国家治理体系和治理能力的建设，坚持推进新型全球化，努力拓宽“两个大局”带来的发展空间。

第二，调查研究要围绕中心任务。我们的调查研究要围绕中心工作，如果脱离中心工作，其调研效果必然会大打折扣。[②]党的二十大报告指出，“从现在起，中国共产党的中心任务就是团结带领全国各族人民全面建成社会主义现代化强国、实现第二个百年奋斗目标，以中国式现代化全面推进中华民族伟大复兴”。实现国家现代化与实现中华民族伟大复兴是中国国家建设战略目标的两种指向，二者在本质上具有内在的统一性。它们既统一于中国共产党百余年来的奋斗历程，又统一于新征程中国共产党的使命任务。实现现代化是近代以来实现中

① 中共中央宣传部、中华人民共和国外交部编《习近平外交思想学习纲要》，人民出版社、学习出版社2021年版，第16页。

② 习近平：《干在实处 走在前列——推进浙江新发展的思考与实践》，中共中央党校出版社2006年版，第537页。

华民族伟大复兴的基本维度与基本内涵，承载着民族复兴的宏伟目标。一部中国共产党推进中华民族伟大复兴史，可以说就是一部推进国家现代化史。在党的二十大报告中，中国式现代化作为路径指向将使命任务中的两个核心目标“全面建成社会主义现代化强国”与“全面推进中华民族伟大复兴”有机统一起来。中国式现代化的成功揭示了“走自己的路”才是一个国家或者民族生存与发展的真理。以现代性为主题的中国式现代化是从“片面的现代性”到“全面的现代性”的现代化发展之路。它既有对传统性的批判与继承，又有对现代性的建构与反思。它的开启与推进过程是一个实现现代性、超越现代性的过程。现代性的因素通过移植、传播而内生出自我发展的动力机制。“全面的现代性”涵盖政治制度、科学技术、生产方式、文化价值等多个方面，展现了发展的整体性。作为一个历史性创举，中国式现代化毫无疑问将彻底改变中华民族的面貌与改写现代化的世界版图。调查研究要为“以中国式现代化全面推进中华民族伟大复兴”的使命任务提供决策依据。

第三，调查研究要聚焦关键问题。清醒认识时代的焦点问题才能把伟大事业全面推向前进。新时代新征程，着眼于马克思主义使命型政党建设、中国特色社会主义伟大实践与世界格局的大变革大调整，是调查研究工作所急需的现实视野。在国际环境、主要矛盾、主要任务发生变化的情况下，寻找问题之间的共性和联系，发现影响改革、发展、稳定的突出问题、关键领域，从而在调查研究中将马克思主义基本原理同中国发展的具体实际结合起来。《工作方案》提出，调查研究工作要聚焦实践遇到的新问题、改革发展稳定存在的深层次问题、人民群众急难愁盼问题、国际变局中的重大问题、党的建设面临的突出问题。比如说调查研究工作聚焦中国特色社会主义实践中遇到的新问题。中国特色社会主义是一项充满探索性、创新性的伟大事业。作为一种系统性的经济、政治、社会、文化和生态变革，中国特色社会主义事业涉及多个变量的复杂互动，这包括现代国家制度体系的建构、文化价值观的重塑、经济社会结构的再造等，表现为从“片面的现代性”到“全面的现代性”，从“传统文明”到“现代文明”等的深刻转变。中国特色社会主义决定着国家未来走向与未来形态，中国特色社会主义不是“既成”的存在，它是坚持求真务实原则、总结经验教训、准确认识中国国情与正确解决社会主要矛盾而走出来的道路，既包含了对社会主义的再认识，也包含了根据变化了的实际所进行的改革创新。坚持和发展中国特色社会主义，需要大兴调查研究之风，在改革创新中改变与其不适应的现存状况。

**延伸阅读：**

1. 毛泽东：《大兴调查研究之风》，载《毛泽东文集》第八卷，人民出版社1999年版。

2. 习近平：《群众路线是党的生命线和根本工作路线》，载《习近平著作选读》第一卷，人民出版社2023年版。

3. 习近平：《做焦裕禄式的县委书记》，载《习近平著作选读》第一卷，人民出版社2023年版。

4. 习近平：《在二十届中央政治局第四次集体学习时的讲话》，《求是》2023年第10期。

# 第三章

# 明确调查研究的主要内容

在全党大兴调查研究，必须明确调查研究什么。《工作方案》从新阶段新征程新的形势任务出发，从关系党和国家事业发展全局的主要情况和重点问题、人民群众急难愁盼的具体问题、各地区各部门各单位长期未解决的老大难问题等方面提出了调查研究12个方面的主要内容，明确要求各级党委（党组）立足职能职责，围绕做好事关全局的战略性调研、破解复杂难题的对策性调研、新时代新情况的前瞻性调研、重大工作项目的跟踪性调研、典型案例的解剖式调研、推动落实的督查式调研，突出重点、直击要害，结合实际确定调研内容。

## 一、事关全局的战略性调研

“不谋万世者，不足谋一时；不谋全局者，不足谋一域。”习近平总书记指出：“战略问题是一个政党、一个国家的根本性问题。战略上判断得准确，战略上谋划得科学，战略上赢得主动，党和人民事业就大有希望。”[①]战略问题事关全局、长远、大势，对于党的事业发展至关重要。

### （一）战略问题具有根本性

习近平总书记指出，我们是一个大党，领导的是一个大国，进行

① 《习近平著作选读》第二卷，人民出版社2023年版，第582页。

的是伟大的事业，强调领导干部要善于进行战略思维，善于从战略上看问题、想问题。[①]他引用毛泽东同志的话说："坐在指挥台上，如果什么也看不见，就不能叫领导。坐在指挥台上，只看见地平线上已经出现的大量的普遍的东西，那是平平常常的，也不能算领导。只有当着还没有出现大量的明显的东西的时候，当桅杆顶刚刚露出的时候，就能看出这是要发展成为大量的普遍的东西，并能掌握住它，这才叫领导。""毛泽东同志讲的这种领导，就是战略领导。"[②]一百多年来，中国共产党总是能够在重大历史关头从战略上认识、分析、判断面临的重大历史课题，制定正确的政治战略策略，这是党战胜无数风险挑战、不断从胜利走向胜利的有力保证。

重视战略问题是马克思主义政党的鲜明特点，也是我们党赢得一个又一个胜利的重要保证。毛泽东同志指出，"没有全局在胸，是不会真的投下一着好棋子的"[③]。革命战争年代，他一再强调，要把自己的注意力摆在照顾战争的全局上面。任何一级的首长，应当把自己注意的重心，放在那些对于他所指挥的全局说来最重要最有决定意义的问题或动作上。著名的辽沈战役中，着眼于战争全局，毛泽东同志指示东北野战军围绕如何首先拿下锦州进行兵力部署，并且强调：只要攻克了锦州，就掌握了战役的主动权。实践证明，正是因为牢牢抓住了锦州这一"咽喉"，充分意识到其在这个战役中的决定性意义，在此基础上进行战略布局，才最终形成了对东北国民党军队的"关门打狗"之势，奠定了这场战役胜利的基础。2021年9月，习近平总书记来到位于陕西榆林的杨家沟革命旧址视察调研时指出，我们党之所以能够实现统一思想、统一步调、团结一致向前进，"就在于我们党坚持马克思主义指导，高瞻远瞩、见微知著，既解决现实问题，又解决战略问题，准确判断和把握形势，制定切合实际的目标任务、政策策略"。

---

① 习近平：《更好把握和运用党的百年奋斗历史经验》，《求是》2022年第13期。

② 《习近平著作选读》第二卷，人民出版社2023年版，第583页。

③ 《毛泽东选集》第一卷，人民出版社1991年版，第221页。

### （二）战略性调研着眼于解决新阶段中国发展的重大理论和实践问题

中国特色社会主义新时代，我们党统筹把握中华民族伟大复兴战略全局和世界百年未有之大变局，按照中国特色社会主义事业“五位一体”总体布局对党和国家事业进行了全面部署。习近平总书记指出：“这些部署都是在深入调查研究的基础上，着眼于解决当代中国发展面临的重大理论和实践问题提出来的，具有很强的针对性、战略性、指导性，我们要紧密结合实际，把各项任务贯彻好、落实好。”①

相对于“五位一体”总体布局，“四个全面”战略布局的提出完善也是以深入的调查研究为基础的。2014年12月，习近平总书记在江苏考察调研时提出，“要全面贯彻党的十八大和十八届三中、四中全会精神，落实中央经济工作会议精神，主动把握和积极适应经济发展新常态，协调推进全面建成小康社会、全面深化改革、全面推进依法治国、全面从严治党，推动改革开放和社会主义现代化建设迈上新台阶”。在这里，“三个全面”首次扩展为“四个全面”。2015年2月，习近平总书记在省部级主要领导干部学习贯彻党的十八届四中全会精神全面推进依法治国专题研讨班开班式上的讲话中指出：“党的十八大以来，党中央从坚持和发展中国特色社会主义全局出发，提出并形成了全面建成小康社会、全面深化改革、全面依法治国、全面从严治党的战略布局。这个战略布局，既有战略目标，也有战略举措，每一个‘全面’都具有重大战略意义。全面建成小康社会是我们的战略目标，全面深化改革、全面依法治国、全面从严治党是三大战略举措。”他还强调：“要把全面依法治国放在‘四个全面’战略布局中来把握，深刻认识全面依法治国同其他三个‘全面’的关系，努力做到‘四个全面’相辅相成、相互促进、相得益彰。”实践证明，“四个全面”战略布局的提出具有重要理论意义和实践意义。统筹推进“五位一体”总体布局、协调推

① 习近平：《全面贯彻落实党的十八大精神要突出抓好六个方面工作》，《求是》2013年第1期。

进“四个全面”战略布局，从全局高度确立了新时代坚持和发展中国特色社会主义的战略规划和部署，体现了我们党对中国特色社会主义建设规律的认识达到了新高度。

### （三）正确的战略及其有效贯彻执行取决于深入调研

我们党是世界上最大的马克思主义执政党，领导的是世界上最大的发展中国家，进行的是前无古人的伟大事业。与调研基础上形成的正确战略一样，正确的策略也要通过广泛而深入的基层调研予以保障。

正确的战略需要正确的策略来落实。“要取得各方面斗争的胜利，我们不仅要有战略谋划，有坚定斗志，还要有策略、有智慧、有方法。”①习近平总书记指出，“善于观大势、谋大事，站在国内国际两个大局、党和国家工作大局、全面深化改革全局来思考和研究问题”②，“所当乘者势也，不可失者时也”。大势体现的是历史发展的必然规律。把握历史发展大势，就要求我们善于透过纷繁复杂的现象去把握事物的本质和发展的内在规律，做到未雨绸缪和防患于未然，立足大势谋大事，把谋事和谋势结合起来。

如，党中央2014年2月作出的推进京津冀协同发展战略决策。习近平总书记亲自谋划、亲自部署、亲自推动京津冀协同发展，引领这一重大国家战略不断向纵深推进。在京津冀协同发展的重要节点，他多次实地考察并主持召开相关座谈会，在开座谈会部署工作之前，总是先做实地调研。2019年1月，习近平总书记深入河北雄安新区、天津、北京考察，并在北京城市副中心主持召开京津冀协同发展座谈会，站在事关党和国家事业发展全局的高度明确提出努力使京津冀成为中国式现代化建设的先行区、示范区的目标任务。

又如，在应对老龄化挑战问题方面。我国是世界上人口老龄化程

① 《习近平著作选读》第二卷，人民出版社2023年版，第585页。
② 《把握大局审时度势统筹兼顾科学实施　坚定不移朝着全面深化改革目标前进》，《人民日报》2014年1月23日。

度比较高的国家之一，老年人口数量最多，老龄化速度最快，应对人口老龄化任务最重。习近平总书记多次强调，人口问题始终是我国面临的全局性、长期性、战略性问题。[①]中国正迈入老龄化社会，生育率低、人口结构老化、社保制度滞后已成未来发展的重大隐患。为了积极应对人口老龄化问题，2020年11月，习近平总书记在参加第七次全国人口普查登记时指出，近年来，我国人口发展出现了一些显著变化，既面临人口众多的压力，又面临人口结构转变带来的挑战。要通过这次人口普查查清我国人口数量、结构、分布等方面情况，把握人口变化趋势性特征，为完善人口发展战略和政策体系、制定经济社会发展规划、推动经济高质量发展提供准确统计信息支持。这次全国人口普查是新时代开展的一次重大国情国力调查，也是党和国家工作中的一件大事。习近平总书记强调，人口普查也是一次“调查”，事关党和国家全局性重大战略问题如何决策部署，“前面6次人口普查获取了大量详实的人口统计数据，为党和国家制定经济社会发展政策、人口政策等发挥了重要作用”[②]。2021年10月，习近平同志明确提出，贯彻落实积极应对人口老龄化国家战略，把积极老龄观、健康老龄化理念融入经济社会发展全过程，加大制度创新、政策供给、财政投入力度，健全完善老龄工作体系，强化基层力量配备，加快健全社会保障体系、养老服务体系、健康支撑体系。[③]

## 二、破解复杂难题的对策性调研

人类认识世界、改造世界的过程，就是一个发现问题、解决问题

① 《党的二十大报告辅导读本》，人民出版社2022年版，第443页。

② 《切实做好第七次全国人口普查工作　为高质量发展提供准确统计信息支持》，《人民日报》2020年11月3日。

③ 《贯彻落实积极应对人口老龄化国家战略　让老年人共享改革发展成果安享幸福晚年》，《人民日报》2021年10月14日。

的过程。毛泽东同志指出：“什么叫问题？问题就是事物的矛盾。哪里有没有解决的矛盾，哪里就有问题。”[①]

## （一）对策性调研必须坚持问题导向

问题无处不在、无时不有，关键在于敢不敢于正视问题，善不善于发现问题，能不能解决问题。必须坚持问题导向是习近平新时代中国特色社会主义思想世界观和方法论的主要内容之一。我们只有时刻保持头脑清醒，对存在的问题不掩盖、不回避、不推脱，才不会使小问题演化成大问题。我们只有不断拓宽视野看世界、看中国，看历史、看未来，从而找到工作中存在的问题，才能掌握解决问题的主动权。各级领导干部只有弘扬共产党人的担当精神，以解决问题为己任，才能在解决问题中集聚事业发展的正能量。

一百多年来，中国共产党始终坚持辩证唯物主义和历史唯物主义，直面矛盾、迎难而上，逢山开路、遇水架桥，通过解决主要矛盾带动其他矛盾的化解，在解决矛盾过程中推动事业不断发展。

党的十八大以来，世界百年未有之大变局加速演进，不确定、难预料因素增多，我国也进入发展关键期、改革攻坚期、矛盾凸显期，我们面临的矛盾更加复杂，既有过去长期积累而成的矛盾，也有在解决旧矛盾过程中新产生的矛盾，大量的还是随着形势环境变化新出现的矛盾。这些矛盾许多是这个发展阶段必然出现的，是躲不开也绕不过去的。如果对矛盾熟视无睹，甚至回避、掩饰矛盾，在矛盾面前畏缩不前，坐看矛盾恶性转化，就会积重难返，最后势必造成无法弥补的损失。对此，习近平总书记反复强调，“要有强烈的问题意识，以重大问题为导向，抓住关键问题进一步研究思考，着力推动解决我国发展面临的一系列突出矛盾和问题”[②]。

---

① 《毛泽东选集》第三卷，人民出版社1991年版，第839页。
② 《习近平谈治国理政》第一卷，外文出版社2018年版，第74页。

### （二）调查研究是解决问题的“金钥匙”

要解决实际问题，刻舟求剑不行，闭门造车不行，异想天开更不行，必须进行全面深入的调查研究。这是因为，调查研究是获得真知灼见的源头活水，是正确决策和正确贯彻落实的重要法宝，是做好各项工作的基本功。毛泽东同志在《反对本本主义》一文中指出：“共产党的正确而不动摇的斗争策略，决不是少数人坐在房子里能够产生的，它是要在群众的斗争过程中才能产生的，这就是说要在实际经验中才能产生。因此，我们需要时时了解社会情况，时时进行实际调查。”“你对于某个问题没有调查，就停止你对于某个问题的发言权。这不太野蛮了吗？一点也不野蛮。你对那个问题的现实情况和历史情况既然没有调查，不知底里，对于那个问题的发言便一定是瞎说一顿。瞎说一顿之不能解决问题是大家明了的，那末，停止你的发言权有什么不公道呢？许多的同志都成天地闭着眼睛在那里瞎说，这是共产党员的耻辱。”针对怎样才能拥有“发言权”，避免“瞎说”，毛泽东同志在《反对本本主义》中指出：“迈开你的双脚，到你的工作范围的各部分各地方去走走，学个孔夫子的‘每事问’”，“调查就像‘十月怀胎’，解决问题就像‘一朝分娩’。调查就是解决问题”。

县委书记的榜样焦裕禄，就是通过调查研究找到破解复杂难题对策的典范。

**案例**

## 焦裕禄如何做调查研究

1962年12月6日，焦裕禄临危受命，被调任兰考县委书记。当时的兰考，饱受风沙、内涝、盐碱“三害”的影响，每年麦子刚冒苗就被风沙埋住，一亩地一年下来平均产量只有三四十斤，除去每年留出来年用的种子，留出喂牲口的部分，一年一个人能分到的小麦只有13斤，全县人民的温饱成了难题。怎样才能防治住风沙，彻底治理“三害”，是解决人民群众温饱问题的头号难题。

焦裕禄就带领由120多名干部、老农和技术员组成的“三害”调查队，展开了大规模的调查研究。兰考“三害”中，风沙是每年最先降临的第一害。焦裕禄就先从调查风沙的危害开始。每次大风起，焦裕禄就往外走，说“正是我们调查研究的好机会!”哪里风沙最大，焦裕禄就带着调查队往哪里去。一天又起风了，焦裕禄和调查队的同志前往沙丘最多的仪封实地调研，他们迎着风沙走，车子骑不动了，只好推着走。有时前行一步，又被风顶退两步。一行人在黄沙滚滚中艰难地上了黄河大堤。堤上有一个高高的测量架，为了察看风口，焦裕禄不顾大家的劝阻，登上了摇摇晃晃的测量架。他一边观察，一边飞快地在笔记本上画草图，标明位置，探寻风向沙路的规律。

为了治理肆虐的风沙，焦裕禄带领调查队骑着自行车、迎着风沙，走访求教许多有经验的基层干部和老农，到群众中找寻治理沙丘的好办法。焦裕禄虚心向有实践经验的肖位芬老人请教改变兰考面貌的办法，在促膝长谈中，老人打开话匣子，把他几十年在风沙中积累的经验都说了出来：挖穷根种花生，要想富种桐树。此后几天，焦裕禄一直带队在老韩陵公社调查研究。通过调研，焦裕禄和群众一起制定出发展生产、战胜灾害的规划，一是发展畜牧，二是多种花生，三是种植泡桐，实实在在地为兰考以后的发展指明了方向。

当听说张庄附近有座坟，不知道用了什么办法封固，几年来一直没让风沙搬走时，焦裕禄眼前一亮，立马前往张庄向堆坟的老庄稼户魏铎彬请教。经了解，魏铎彬母亲的坟每年冬春都被狂风掀开，他就尝试着挖出地下淤泥，把坟盖住，这样风再大也刮不开了。按照老庄稼户的经验，焦裕禄率领干部、群众进行小面积翻淤固沙、封闭沙丘试验。试验取得成功后，又以点带面，全面铺开。经过一个冬春的奋战，兰考群众用这种“贴膏药”的办法把全县危害最大的一些沙丘，全部用淤土封闭。

在兰考的475天，焦裕禄对全县149个生产大队中的120多个进行调查走访，获得了大量真实的一手资料。焦裕禄在调查研究中，始终带着对人民的深厚感情，尊人民为师，不懂就问，从来不搞“坐着车子转一转，隔着玻璃看一看”的虚招，最终探索出“贴膏药”、“扎针”、种植泡桐等治理“三害”的有效办法，以苦干实干把沙丘变成了沃野。

今天，我们学习和弘扬焦裕禄精神，很重要的一点就是向焦裕禄学调研，以解决问题为根本目的，把情况摸清、把问题找准、把对策提实，在解决问题中推动进步、实现发展。

### （三）对策性调研要聚焦重点问题

《工作方案》指出，统筹发展和安全，确保粮食、能源、产业链供应链、生产、食品药品、公共卫生等安全，防范化解重大经济金融风险中的主要情况和重点问题。人民最关心最直接最现实的利益问题，特别是就业、教育、医疗、托育、养老、住房等群众急难愁盼的具体问题，这些都是新时代新征程上我们必须下大气力破解的复杂难题，也是对各级领导干部提出的新任务新要求，必须在深入调查研究基础上拿出有针对性、可操作的具体对策。

进入新时代以来，习近平总书记反复告诫各级领导干部，要坚持问题导向，增强问题意识，敢于正视问题，善于发现问题，通过调查研究，真正把情况摸清、把问题找准、把对策提实。他要求：“各级领导干部要带头调研、经常调研，扑下身子，沉到一线，全面了解情况，深入研究问题，把准事物的本质和规律，找到破解难题的办法和路径。”[①]然而，部分领导干部问题意识淡薄和调查研究能力薄弱，有的

① 《习近平关于“不忘初心、牢记使命”论述摘编》，党建读物出版社、中央文献出版社2019年版，第219页。

对矛盾熟视无睹，一旦遇到问题，往往措手不及；有的逃避问题，搞鸵鸟政策、选择性失明，把一些本来应该及时解决的问题拖成了“老大难”；有的不注重解决问题，纸上谈兵、夸夸其谈，真正遇到棘手问题就捉襟见肘。

当前，我们已经开启了全面建成社会主义现代化强国、实现第二个百年奋斗目标，以中国式现代化全面推进中华民族伟大复兴的新征程，必须清醒看到，我们还面临着许多亟待解决的复杂难题。如，发展不平衡不充分问题仍然突出，推进高质量发展还有许多卡点瓶颈，科技创新能力还不强；确保粮食、能源、产业链供应链可靠安全和防范金融风险还须解决许多重大问题；重点领域改革还有不少硬骨头要啃；意识形态领域存在不少挑战；城乡区域发展和收入分配差距仍然较大；群众在就业、教育、医疗、托育、养老、住房等方面面临不少难题；生态环境保护任务依然艰巨；一些党员、干部缺乏担当精神，斗争本领不强，实干精神不足，形式主义、官僚主义现象仍较突出；铲除腐败滋生土壤任务依然艰巨，等等。①

面对这些比以往更加严峻复杂的各种风险挑战、困难问题，我们必须要坚持用辩证唯物主义和历史唯物主义方法，大兴调查研究之风，科学分析问题、深入研究问题，弄清问题性质、找到症结所在，增强责任担当、妥善解决难题。

## 三、新时代新情况的前瞻性调研

当今世界发展变化很快，当代中国发展变化也很快，新情况新问题新事物层出不穷。习近平总书记指出：“当前，全党面临的一个重要课题，就是如何正确认识和妥善处理我国发展起来后不断出现的新情

① 习近平：《高举中国特色社会主义伟大旗帜　为全面建设社会主义现代化国家而团结奋斗——在中国共产党第二十次全国代表大会上的报告》，人民出版社2022年版，第14页。

况新问题。”①

## （一）前瞻性调研要善于发现新情况新问题

一百多年来，中国共产党始终坚持以马克思主义为指导，顺应历史发展规律，对可能出现的新情况新问题进行前瞻性研究，从而抢抓了发展机遇，战胜了一个又一个风险挑战，取得了一个又一个新的胜利。新情况新问题每时每刻都在出现，而且多数又是我们过去不熟悉或者不太熟悉的。对此，我们应该怎么办？一方面，我们应该加强学习，不断提高工作能力和水平，努力探究和找到解决问题的方式方法；另一方面，要通过深入开展调查研究，摸清楚事物发展变化规律，提高见微知著的能力，始终把发展的主动权牢牢地掌握在自己的手中。

朱德同志无论在革命战争年代还是在和平建设时期，都高度重视调查研究工作，通过调查研究为中央决策提供参考，内容涉及各领域各行业，很多调研成果富有建设性和前瞻性。比如，他在调研基础上最早提出了开发海南岛的建议。1957年1月，朱德同志经过20多天的实地考察，认为海南岛水上交通便利，许多港口均可以建成军港或商港，来往船只便利，毗邻香港，还可成为重要出口基地，于是他便建议中央开发海南岛。1963年1月，时隔六年，朱德同志再次来到海南岛，在深入了解海南岛资源情况，并深入通什、榆林等实地调研后指出：“海南岛的地上和地下，资源十分丰富，许多物资都便于出口，极有发展价值和发展前途，只是劳动力比较缺乏。这样好的地方，我认为只要财力所及，即应积极组织力量从速进行开发工作。”②此后，他再次向中央建议，海南岛是我们祖国的一块宝地，应抓紧开发，并提出了具体意见。直至1988年4月13日，七届全国人大一次会议通过了设立海南省和建立海南经济特区的决定。

党的十八大以来，以习近平同志为核心的党中央高度重视对可能

① 《习近平谈治国理政》，外文出版社2014年版，第401页。
② 《朱德年谱》下，中央文献出版社2006年版，第1579页。

出现的新情况新问题进行前瞻性研究，从而提高工作预见性和主动性，未雨绸缪采取应对措施。如，党的十九大提出，“要瞄准世界科技前沿，强化基础研究，实现前瞻性基础研究、引领性原创成果重大突破。加强应用基础研究，拓展实施国家重大科技项目，突出关键共性技术、前沿引领技术、现代工程技术、颠覆性技术创新，为建设科技强国、质量强国、航天强国、网络强国、交通强国、数字中国、智慧社会提供有力支撑。”经过持续努力，新时代十年，全社会研发经费支出从1万亿元增加到2.8万亿元，居世界第二位，研发人员总量居世界首位。基础研究和原始创新不断加强，一些关键核心技术实现突破，战略性新兴产业发展壮大，载人航天、探月探火、深海深地探测、超级计算机、卫星导航、量子信息、核电技术、新能源技术、大飞机制造、生物医药等取得重大成果，进入创新型国家行列。

### （二）前瞻性调研要善于运用党的创新理论研究新情况、解决新问题

习近平同志强调：“我们的事业越前进、越发展，新情况新问题就会越多，面临的风险和挑战就会越多，面对的不可预料的事情就会越多。”[①]党的二十大报告也明确指出，当前世界百年未有之大变局加速演进，新一轮科技革命和产业变革深入发展，国际力量对比深刻调整，我国发展面临新的战略机遇。同时，世纪疫情影响深远，逆全球化思潮抬头，单边主义、保护主义明显上升，世界经济复苏乏力，局部冲突和动荡频发，全球性问题加剧，世界进入新的动荡变革期。我国改革发展稳定面临不少深层次矛盾躲不开、绕不过，党的建设特别是党风廉政建设和反腐败斗争面临不少顽固性、多发性问题，来自外部的打压遏制随时可能升级。我国发展进入战略机遇和风险挑战并存、不确定难预料因素增多的时期，各种“黑天鹅”“灰犀牛”事件随时可能

① 《习近平谈治国理政》，外文出版社2014年版，第23页。

发生。我们必须增强忧患意识，坚持底线思维，做到居安思危、未雨绸缪，准备经受风高浪急甚至惊涛骇浪的重大考验。

这就要求我们，要学深悟透习近平新时代中国特色社会主义思想，要善于运用这一思想观察时代、把握时代、引领时代，特别是要把这一思想的世界观、方法论和贯穿其中的立场观点方法转化为自己的思想武器。必须保持战略清醒，对各种风险挑战做到胸中有数，不断增强战略的前瞻性，准确把握事物发展的必然趋势，敏锐洞悉前进道路上可能出现的机遇和挑战。必须有草摇叶响知鹿过、松风一起知虎来、一叶易色而知天下秋的见微知著能力，对潜在的风险有科学预判，知道风险在哪里，表现形式是什么，发展趋势会怎样。必须加强战略谋划，把握大势大局，抓住主要矛盾和矛盾的主要方面，分清轻重缓急，科学排兵布阵，牢牢掌握斗争主动权。

### （三）前瞻性调研必须坚持系统观念

习近平总书记指出："今天，面对日新月异的国内外形势，面对我们肩负的繁重任务，一切形式主义、教条主义、经验主义都是行不通的。俗话说：'一脉不顺，周身不畅。'要教育引导党员、干部特别是领导干部提高辩证思维、系统思维能力，带着问题深入调查研究，善于透过现象看本质，提高把握问题实质、把握矛盾规律的能力，讲实话、办实事、求实效，踏踏实实推动工作、解决问题，坚决克服得过且过、无所作为的思想，坚决杜绝哗众取宠、装点门面的假大空做法"①。

21世纪初，习近平同志在浙江工作期间提出的"八八战略"和推动浙江产业结构转型方面的工作，就是做好新情况新问题前瞻性调研的典范。2002年10月至2007年3月，习近平同志先后任浙江省委副书记、代省长和省委书记。他一到浙江工作，就马不停蹄地下基层调研，

① 习近平：《论中国共产党历史》，中央文献出版社2021年版，第99—100页。

到2003年春节前把11个市跑了一遍。2003年7月，习近平同志在总结浙江经济社会多年发展经验的基础上，提出并落实了作为浙江省域治理总纲领和总方略的“八八战略”。其中，“五大百亿”工程和“八大科技创新工程”紧紧扣住“八八战略”的主题，对产业结构的转型起到了至关重要的作用。

当时的浙江，在改革开放20多年来的高速增长过程中，积累了一些亟待解决的问题，继续走低成本、低价格、高排放的粗放增长的发展路子已经难以为继。习近平同志通过调查研究明确提出，浙江要打造先进的制造业基地，要走先进工业化道路，不能再以这样的方式发展下去了，这些粗放、低端、污染的落后产能要以壮士断腕的决心来淘汰，来下决心去除。他当时提出了“腾笼换鸟”和“凤凰涅槃”的理论，指导浙江尽快淘汰落后产能，加快先进制造业基地建设。比较有代表性的工作有三个。

第一，习近平同志指示省政府制定了先进制造业基地建设规划。习近平同志当时提出“两手抓”，即一手抓传统产业的改造提升，一手抓高新技术产业的发展，两者并重。这个提法，与现在提出的“动能转换”是异曲同工的。他还提出了以信息化带动工业化、坚持自主创新和科技创新、坚持重点突破和整体推进等几个关键点。这些具体要求，一直到现在都在浙江的发展中起着很重要的指导作用。

习近平同志主政下的浙江稳步开展信息化和科技创新建设，信息产业的发展势头非常迅猛，产生了像阿里巴巴这样的一大批科技公司。在产业转型过程中，浙江不少地方根据自身特点，重点发展服务业。浙江近些年服务业的发展势头也非常好，第三产业的占比已经超过第二产业了。特别是杭州、宁波等地的电子商务产业、文化创意产业等服务业，已经成为经济增长的主要推动力。这些动能转换需要一个过程，需要五年、十年甚至更长时间，习近平同志在这方面抓得早、抓得实，为浙江的经济结构调整和提升打下了非常好的基础。

第二，根据习近平同志对经济转型升级的要求，省政府专门议定了“三大产业带”发展规划，即环杭州湾产业带、温台沿海产业带、金衢丽高速公路沿线产业带发展规划。对这个规划，习近平同志非常重视，他自己参与调研，了解规划所涉及地域的具体情况，在之后整个实施过程中，又多次强调要密切跟踪关注，强调规划实施的效果如何，要看是否推动了产业的转型升级，是否强化了发展的协调性和均衡性，经济增长质量和效益有没有实质性的提高。

第三，为推进“八八战略”和“三大产业带”发展规划的实施，部署了一批大工程、大项目，称为“五大百亿”工程。这“五大百亿”工程，具体包括“百亿基础设施建设”工程、“百亿信息化建设”工程、“百亿科教文卫体建设”工程、“百亿生态环境建设”工程、“百亿帮扶致富建设”工程，涉及经济发展、社会事业、可持续发展、人民生活等方方面面，在2003—2007年总投资达3000多亿元，这些工程和项目的实施是当时政府工作的一个重点，有效地推动了“八八战略”落地。

省政府又针对软实力建设提出“八大科技创新工程”，包括：先进制造业创新工程、现代农业科技创新工程、生态省和循环经济科技创新工程、科技兴海创新工程、人口健康与公共安全科技创新工程、服务业科技创新工程、基础研究创新工程、软科学与哲学社会科学创新工程等。对这些具体工作，习近平同志都亲自听汇报、提要求。在硬环境和软实力两方面，习近平同志不仅对浙江的现实情况了如指掌，而且对长远规划有着系统要求。[①]

## 四、重大工作项目的跟踪性调研

习近平总书记指出：“出台政策措施要深入调查研究，摸清底数，

① 邱然、黄珊、陈思：《“习近平同志提出的‘八八战略’非常具有前瞻性”——习近平在浙江（一）》，《学习时报》2021年3月1日。

广泛听取意见，兼顾各方利益。政策实施后要跟踪反馈，发现问题及时调整完善。”[①]重大工作项目往往投入大量资金、人力和物力，其实施进展情况直接关系到国计民生。从这个意义上说，开展重大工作项目的跟踪性调研，及时了解掌握项目进展，对于妥善解决项目实施中出现的新情况新问题，确保项目如期保质保量完成起着重要保障作用。

### （一）跟踪性调研意义重大

习近平总书记在中央全面深化改革领导小组第三十三次会议上的讲话中强调，“对重大改革，要做足调查研究工作，对重要情况、矛盾焦点、群众期盼要心中有数，既搞清楚改革要解决什么问题，又善于从基层和群众中寻找解决问题的办法，拿出来的方案要有底气、接地气。对实施过程要注意跟踪、掌握实情，改得好的要及时总结，改得不好的要及时调整。”[②]对涉及改革发展、国计民生等的重大工作项目进行跟踪调查，就是对本区域正在实施的重大项目进行定期或不定期的调研，全面掌握重大工作项目的实施进展，发现问题及时采取措施进行调整优化，确保重大工作项目保质保量完成。

**案例**

## 习近平总书记亲自谋划、亲自推动北京冬奥会的筹办

2015年7月底，在国际奥委会投票表决2022年冬奥会举办权归属前，习近平主席的声音响彻会场：“我相信，如果各位选择北京，中国人民一定能在北京为世界奉献一届精彩、非凡、卓越的冬奥会！”办

① 《深化改革开放优化发展环境　闯出老工业基地振兴发展新路》，《人民日报》2016年5月26日。
② 《习近平关于调查研究论述摘编》，党建读物出版社、中央文献出版社2023年版，第44页。

好2022年北京冬奥会，是中国对国际奥林匹克大家庭的庄严承诺，对进一步提升中国的国际影响力意义重大。

2015年11月，习近平总书记对办好北京冬奥会作出重要指示，强调办好2022年北京冬奥会，是我们对国际奥林匹克大家庭的庄严承诺，也是实施京津冀协同发展战略的重要举措。要坚持绿色办奥，提升全社会环保意识，加强环境治理和污染防控，把绿色发展理念贯穿筹办工作始终。坚持共享办奥，积极调动社会力量参与办奥，提高城市管理水平和社会文明程度，加快冰雪运动发展和普及，使广大人民群众受益。坚持开放办奥，借鉴北京奥运会和其他国家办赛经验，弘扬奥林匹克精神，加强中外体育交流，推动东西文明交融，展示中国良好形象。坚持廉洁办奥，严格预算管理，控制办奥成本，强化过程监督，让冬奥会像冰雪一样纯洁干净。要加强组织领导，统筹推进各项工作，确保把北京冬奥会办成一届精彩、非凡、卓越的奥运盛会。①

但是，客观现实情况是，筹办北京冬奥会时间紧、任务重。如何贯彻落实习近平总书记重要指示精神，全面扎实高效开展工作，包括组建冬奥组委，科学设置职能部门，招录工作人员，组建专业、精干队伍，乃至于科学制定冬奥会筹办总体规划，确定路线图和时间表，等等，都是迫在眉睫、需要第一时间解决的问题。这些都凸显了北京冬奥会筹备工作的紧迫性。

为了践行承诺，筹办好本届冬奥会，习近平总书记亲自谋划、亲自推动北京冬奥会的筹办。从2017年到2022年，他先后5次实地考察筹办备赛工作，多次作出重要指示批示，不断为办好北京冬奥会注入强大思想和行动力量。比如，在调研中，针对人员接触多、流动性大、办公较为集中，如何做好防疫是关键。2022年1月，习近平总书记在北京考察2022冬奥会、冬残奥会筹办备赛工作时指

---

① 《坚持绿色办奥、共享办奥、开放办奥、廉洁办奥　确保把北京冬奥会办成一届精彩、非凡、卓越的奥运盛会》，《人民日报》2015年11月25日。

出，要严格落实“双闭环”管理，完善场馆防疫措施，尽最大努力防止疫情发生。

经过不懈努力，“冬奥蓝图”一步步变为现实，12个竞赛场馆全部提前完工，3个冬奥村如期交付使用，京张高铁、京礼高速全线通车，全国冰雪运动参与人数已达3.46亿人……以至于巴赫主席不禁感叹：“尽管受疫情影响，冬奥筹办工作进展十分顺利，这几乎就是奇迹！”

## （二）跟踪性调研体现了鲜明的问题导向

问题是时代的声音，每个时代总有属于它的问题。重大工作项目实施过程中，不可避免地会出现这样或那样的问题，甚至直接关系到项目的实施进展情况。调查研究能力是领导干部的基本功。这就要求我们的调查研究必须坚持问题导向和目标导向。调查研究，要深入基层、亲力亲为。“不唯上、不唯书、只唯实，交换、比较、反复”，正如陈云同志说的那样，“我们做工作，要用百分之九十以上的时间研究情况，用不到百分之十的时间决定政策。所有正确的政策，都是根据对实际情况的科学分析而来的。”[①]习近平同志也曾强调：“对调查了解到的真实情况和各种问题，要坚持有一是一、有二是二，既报喜又报忧，不唯书、不唯上、只唯实。”[②]曾经的同事这样回忆他：现场能解决的问题当即解决，不好解决的拿回来研究解决。而且，凡是他安排过的事情，都要亲自调研、检查落实。

## （三）跟踪性调研必须坚决反对形式主义

习近平总书记曾一针见血地指出，有的下基层调研走马观花，下去就是为了出出镜、露露脸，坐在车上转，隔着玻璃看，只看“门面”和“窗口”，不看“后院”和“角落”，群众说是“调查研究隔层纸，政

① 《陈云文选》第三卷，人民出版社1995年版，第34页。
② 习近平：《谈谈调查研究》，《学习时报》2011年11月21日。

策执行隔座山”；有的明知报上来的是假情况、假数字、假典型，也听之任之，甚至通过挖空心思造假来粉饰太平。[①]走马观花、身入而心不至的调研要不得，“扎堆式”“打卡式”调研要不得，只注重调研过程，不解决实际问题的调研要不得。

在调查研究中要力戒形式主义，脚踏实地，以务实作风取得真正成效，真正用好我们这个传家宝。正如习近平总书记所要求的那样，“既要‘身入’基层，更要‘心到’基层，听真话、察真情，真研究问题、研究真问题，不能搞作秀式调研、盆景式调研、蜻蜓点水式调研，‘无实事求是之意，有哗众取宠之心’是不行的！这就是严重的形式主义、官僚主义！要在深入分析思考上下功夫，去粗取精、去伪存真，由此及彼、由表及里，找到事物的本质和规律，找到解决问题的办法。要用好交换、比较、反复的方法，重视听取各方面意见包括少数人的意见、反对的意见，立体式地进行分析、三思而后行，防止自以为是、一得自矜。兼听则明、偏听则暗，能听到不同声音不是坏事，经过多次‘否定之否定’的过程，进行的思考、作出的决策才能符合实际。”[②]

## 五、典型案例的解剖式调研

典型案例的解剖式调研是通过典型剖析、以小见大、以点带面，从中找出事物的规律。解剖式调研也就是我们熟悉的解剖麻雀式调研。“解剖麻雀”是毛泽东同志对典型案例调查方法的形象比喻。

### （一）解剖式调研的典范

2022年12月，习近平总书记在中央政治局民主生活会上强调，要

① 《习近平谈治国理政》第一卷，外文出版社2018年版，第369页。
② 《习近平谈治国理政》第四卷，外文出版社2022年版，第526—527页。

大兴调查研究之风，多到分管领域的基层一线去，多到困难多、群众意见集中、工作打不开局面的地方去，体察实情、解剖麻雀，全面掌握情况，做到心中有数。1980年9月，中共中央宣传部在《宣传动态》第40期上重印了《鲁忠才长征记》，并加了这样一段按语："高克林同志写的《鲁忠才长征记》，原载1941年9月14日至15日延安《解放日报》。毛泽东同志亲自为这篇调查报告拟定了题目，并且写按语给予很高的评价。这里所谓的'长征'就是在抗日战争时期，为了打破国民党蒋介石的封锁，活跃城乡经济生活，陕甘宁边区富县城关区组织人力、畜力去定边盐池运盐，取得成功。调查报告用简洁的文字，介绍了事情的经过、成就和经验教训，富有说服力地指出：党和政府的运盐计划、估计、办法，是完全正确的。经济问题讲得这么生动具体，引人入胜，的确是值得称道的。"

**案例**

## 鲁忠才长征记

### ——鄜县城关区第一次运盐经过①

（一）城关区第一次应驮盐牲口五十头，实去二十八头，未完成计划的原因是牲口少（最多能动员四十多头），当时有些牲口逃避不在家，区政府抓得不紧——因忙于借粮、公债等。

（二）阳历7月18日动身，8月11日回到家，往来共二十五天。由鄜县至定边十二天，到盐池装盐一天，回来十二天，最大的站是九十里，路程、站名各地概况如下：

1.鄜县至张村驿七十里，有五条沟，路难走，水草好。2.张村驿至

① 参见高克林《鲁忠才长征记——鄜县城关区第一次运盐经过》，《解放日报》1941年9月14日。

烂泥坡，共五站，每站七十里，路好走，割草喂牲口。3.烂泥坡至李家砭，有二十里山，四十里沟，路难走，草不好。4.李家砭至芦家角，有三十里沟，五里山，最难走，草不好。5.芦家角至乱石头川，在沟里走，有兵站，买草（每百斤山草三十元，谷草五十元，麦草四十元）。6.乱石川至三里庙八十里，有兵站，干草每百斤五十元。7.三里庙至梁庄，八十里，有四十里山路，很陡，难走，水难（苦水，也没有喝的），曾看见一个盐脚户把骡跌死。8.梁庄至定边九十里，有兵站，草每百斤五十至一百元，没水。9.定边至盐池四十里，往返一天可回，沙路难走。

（三）沿途的困难

1.张村驿至烂泥坡，五站中有一二站有蟊蚱，牲口最好晚上走，对牲口对人都好。

2.三里庄、梁庄至定边两站，没有水；人、牲口容易受渴。

3.定边城小偷很多，常有把牲口、钱、衣服、用具偷去的。

4.乱石头川以上因各县驮盐牲口容易会合，常有数十百牲口一起走，因之住店，草、水——尤其放牲口有困难，易走失弄乱子等。

（四）一路生活情形

城关区去牲口二十八头，人十四个，沿路自做自吃，每顿共需米七升（约二十五斤，大家一致感觉“出了门吃得多”），给店里柴钱多则八元，少则三元（完全看你和店掌柜的关系弄好或弄不好来决定）。走路时唱戏，说古今——说相公招姑娘很多，大家很高兴满不觉苦痛，牲口的草是轮着割，草很多，吃不完，沿途群众都很好，寄粮寄草没发生过问题——主要得看自己，有的队和店家骂架，吃了人家的庄稼，只有一个地方的店掌柜把寄的小米换成坏的。

（五）路上所发生的问题

好的例子：

1.牲口没有死、病、出毛病，一乡和三乡的牲口去时瘦，回来肥了，原因脚户负责，当心喂。

2.脚夫没有病的和出毛病的，大家身体很好，情绪高，没有一个瘦了，就是晒黑了。

3.沿途没有遗东西，吃人庄稼等，主要的是鲁副区长（老脚户）有经验，又负责，又细心，人也灵活，所以成绩很好。

坏的例子：

1.三乡一行政村村长杜海，卖了好驴，买头坏驴去，结果驴乏了，没有驮盐，白费了165元路费，另外三乡派去了一头坏驴子（腰坏了），四乡监军台村去了一头坏腿驴，都没有驮盐，都白费了165元路费，另外该村一个驴披烂鞍子，结果压坏脊梁，第二乡乡长有两头驴，去了一头坏驴，鞍架都不好，在路上捣麻烦。这些事，事先区政府没有详细检查，有些现象已知道也未纠正，结果28头驴子，只有25头驮盐，其余3头空走一趟，盐价分文无着，白赔了500~600元路费，里外共有一千五百元以上，此事值得区乡干部警惕。

2.四乡监军台村村会长不听副区长指示，不给牲口带好料，而将坏料充数，结果该乡牲口没有好料吃，在路上发生卧下的事。

3.四乡脚户杨万保，在路上“耍死狗”，装病，偷跑回来，乱造谣言说：“死了两个人，鲁区长和一个姓王的，路上没饭吃，骡脊梁都压烂了，店里不能寄粮……”使得城内好多人不安心，区上对这件事注意不够，以后要警惕。

4.有几家去坏驴，结果驮得少（每驴只驮110多斤），还有四乡监军台村，一家打发驴走时，把笼头都换成坏的（准备驴死所以一切不要了）。二乡乡长的驴子，这次回来离家只有十多里就卧下了，他也不肯派好驴去接（打烂账，以为驴一定会死，一定不会回来的，所以不接）。

5.因为驴子驮得太多，有空驴，分给空驴驮了四十五斤，到孙三嵕见税局检查，因无票，被没收盐50斤，口袋一条（值洋20元）。

（六）附注

1.若每驴能驮150斤盐，按现在盐价每驴保证赚钱100元以上。

2. 说二、三、四乡每驴只驮110斤，一乡驴驮130斤是脚夫说的，一定“打埋伏”——因这里一般驴子可驮150斤。

3. 同时说明了一个道理：只有好驴，才能赚更多的钱，驴愈坏愈少赚，以至亏本。

（七）经验教训

经验：

1. 城关区这次驮盐胜利回来，证明党和政府的运盐计划、估计办法，是完全正确的，个别同志的怀疑，没有信心，认为是负担……都是不正确的肤浅的看法。

2. 打破部分干部及群众对于去三边驮盐的恐怖观念（死人死牲口，一去不得回来）。正相反，驮盐回来的牲口，反而肥了，人强壮了，就是晒黑了些。

3. 证明驮盐可以赚钱，打破那些“一定赔本”“每驴要赔六百元”“是边区最大的一次负担”一类不合事实的瞎说。

4. 证明区乡级，特别是乡级某些干部，有工作不负责（没有细心检查）、包庇（村会长、乡长可以去好牲口而不追究）、舞弊（把坏的高粱充好料）现象，成为落后群众的尾巴。

5. 干部的决定作用，城关区因副区长鲁忠才有经验、灵活、负责（每到一地遇一事即开脚户大会讨论——连每头驴应驮多少盐都讨论过），结果人、牲口不但没有损失，反而比去时强壮了，情绪高了。

教训：

1. 四乡杨万保“耍死狗”，偷跑回来造谣，我们区、乡同志没有及时检查，和他谈话，也不向上级报告，以至城关区人民传说死了两个人——鲁副区长和王某，死了3头驴，弄得人心惶惶不安。

2. 路上困难是有（有几站路难走，有一、二站蟊蚱多，两站水少），但可以克服，坏路多小心，有蟊蚱地方晚上走，水少地方起身时多喝水，带水亦可，再加之忍耐，困难就可以胜利地克服了。

3. 驴子越好赚钱越多（如这次驮了130斤可赚75元，若驮150斤可赚115元），驴子越坏赚钱越少，甚至亏本，如城关区去了三头驴子（一头坏腰、一头坏腿、一头乏驴），结果没驮盐，每一头驴白费165元，连人往返共损失一千元以上，同时也说明工作要细心，不能马虎，这次去的驴若区乡干部细心检查，认真地去做，不讲情面，也不致发生这种损失，因为坏驴大家都是晓得的。

4. 若路上不住店，牲口放青不买草，则每头驴可省50元以上，节省下的就是赚的。

5. 对国家法律要多多注意，这次因不小心被税局没收了一条口袋，约值20元，这是不该有的损失。

《鲁忠才长征记》是一篇典型的解剖麻雀式调查研究案例，通过全面剖析第一次运盐经过，对党的政策可行性进行了充分论证，为打消其他地区干部群众顾虑，贯彻落实党的路线方针政策进行了很好的宣传与动员，达到了调查研究的目的。

### （二）把握好解剖式调研的特点

习近平总书记指出："要拜人民为师、向人民学习，放下架子、扑下身子，接地气、通下情，深入开展调查研究，解剖麻雀，发现典型，真正把群众面临的问题发现出来，把群众的意见反映上来，把群众创造的经验总结出来。"[①]确定典型案例，首先，需要注意典型案例宜精不宜多。其次，确定的典型案例应有一定的代表性。最后，典型案例不同于重大工作项目，更多的是某个单一工作开展情况的归纳。同时，掌握好解剖的精度和深度，把这些案例中的关键要素提炼出来，既逐一在调研中进行论证，又从整体机制上考量其运行的顺畅度，不能只写解剖之后看到了什么，也应该由表及里分析形成的工作规律、工作特点，以及解决常见问题的建议。

① 习近平：《论党的宣传思想工作》，中央文献出版社2020年版，第361—362页。

通过解剖一只“麻雀”，将“点”上的经验推广到“面”，是推动全局工作的重要一招。调查研究，关键在于发挥以小见大、以点带面的示范带动作用，以达到在全局中解决现实问题的目的。

## 六、推动落实的督查式调研

“正确的决策离不开调查研究，正确的贯彻落实同样也离不开调查研究。”①习近平总书记非常重视改革方案的制定和落实，强调要做实做细调查研究，“抓好改革督促落实”②。督查式调研是实施科学领导、推进工作落实的重要方法，是领导工作的决策之源、谋事之基和成事之道。面对经济社会高质量发展目标任务，各级党委政府要研究决策很多事项，各级各单位要落实大量工作，这就需要充分发挥督查调研作用，既调查掌握工作实情供领导决策，又督促加快进度保证按时完成任务，确保实现高质量发展目标。

### （一）督查式调研的要义

2014年1月22日，习近平总书记在中央全面深化改革领导小组第一次会议上强调，三中全会各项具体改革举措，要有时间表，一项一项抓落实，以多种形式督促检查，指导和帮助各地区各部门分解任务、落实责任。抓改革谋发展关键在党政一把手，改革发展顶层设计确定后，就需要各级党政主要负责同志把改革放在更加突出位置来抓，必须亲自抓、带头干，挑最重的担子、啃最硬的骨头，做到大抓基层、大抓落实，亲自督查，扑下身子，沉入一线。通过督查式调研，一方面确保贯彻落实不走偏、不走样。另一方面，能够及时发现和解决问题。

① 习近平：《在党的十九届一中全会上的讲话》，《求是》2018年第1期。
② 习近平：《论坚持全面深化改革》，中央文献出版社2018年版，第214页。

督是“督办”，查是“检查”，调是“求实”，研是“求是”，督查调研的内在要求就是在查清事实的基础上，对推进落实情况差的责任单位进行督办，并分析研究事物发展的必然联系，从而探索总结出规律。然而，单项开展督查容易出现“只见树木，不见森林”的片面性，单项开展调研容易出现纸上谈兵、不便落实等情况，缺乏操作性。将两者统筹开展，在督查中调研，在调研中督查，督查融于调研更具权威性，调研融于督查更具深刻性，即可克服各自弊端，提升融合倍增效应。同时，按照当前工作形势任务需要和国家关于减轻基层负担有关要求，通过统筹开展督查调研，既可减少基层接待频次而降低负担，又可整合资源节省人力提高工作实效，从而保障各级有更多时间和力量抓工作落实。由此可见，融合开展督查调研，顺应发展形势，符合工作要求，意义十分重要。

### （二）督查式调研的特点

督查式调研具有以下特点。

一是具有针对性。围绕国家重大政策贯彻落实、领导批示指示落实、事关经济社会发展全局性问题、社会各界普遍关注的民生重点问题、阶段性重点工作、会议确定重点事项等进行选题，坚持问题导向，有针对性地开展督查调研，为解决问题做好前期工作。尤其着眼面上工作，力求点上突破，以小切口进入，推动大问题解决。

二是具有灵活性。往往调研目的大于形式，开展的时间、地方具有不确定性。方式多种多样。一般来说，实地督查调研是主要方式，此方式带着任务深入基层，深入群众，可及时了解决策落实或工作推进具体情况及实际效果，掌握影响决策落实或工作推进的主要问题，为党委政府科学决策提供重要依据。近年来，“四不两直”因时间、方式灵活，逐渐成为上级机关开展督查式调研的主要形式。

三是具有精准性。督查式调研直接到现场看，突击查、临时查、随机查。能够最直接了解和掌握基层的真实情况、真实想法，发现真实问题，因此掌握问题更为精准。

在日常开展督查式调研中，经常会出现四种情况：一是重点推进落实的工作序时推进；二是常规工作进度明显滞后；三是创新实践类工作进度正常但后续随时可能出现新情况新问题；四是督查的重点工作确实存在问题，但一切都合乎事物发展客观规律。对此，应主动联系相关业务部门进行深入剖析，多方论证，尽快提出对策方案，指导推动实践。

### （三）最受欢迎的督查式调研——“四不两直”

习近平总书记指出：“现在，各方面对调查研究是重视的，但还要下更大功夫，关键是把调查研究做深做实，避免浮在表面、流于形式。要眼睛向下、脚步向下，经常扑下身子、沉到一线，近的远的都要去，好的差的都要看，干部群众表扬和批评都要听，真正把情况摸实摸透。现在通信很发达，通过打打电话、发发微信、看看材料也能了解很多情况，但毕竟隔了一层，没有现场看、当面听、直接问和‘七嘴八舌式’的讨论来得真实鲜活。”①不发通知、不打招呼、不听汇报、不用陪同接待，直奔基层、直插现场的“四不两直”就是最好的督查式调研方法。

“四不两直”，最早源于安全生产领域，是一种暗查方式。2013年10月，原国家安全生产监督管理总局出台《转变作风开展安全生产暗查抽查工作制度》，明确暗查抽查工作要采取“四不两直”方式进行。之后发布的暗查暗访工作细则，给出了“四不两直”官方定义，指事先不发通知、不打招呼、不听汇报、不用陪同和接待，直奔基层、直插现场，进行突击检查、随机抽查、“回头看”复查的工作方式，并将此作为一项制度建立并实施。因为求真、务实，这一方式从安全生产

① 《习近平谈治国理政》第四卷，外文出版社2022年版，第526页。

迅速推广到环保交通、平安建设等多个领域，成为上级开展调查研究，了解发现基层真实情况、真实想法、真实问题的重要抓手。

回首百年党史，领导干部在调研时早有“四不两直”的影子。90年前，毛泽东同志一行四人到苏区江西省长胜县铲田区调查工作。铲田区苏维埃政府主席钟赤牯听说毛主席来了，急忙四处寻找，最后在一红军家属家里找到了他们。钟赤牯问为何不事先打个招呼，好做个准备。毛泽东同志笑着说：“为什么要事先打招呼呢？下来了你们一定会晓得，现在不少干部下乡，生怕下面不知道，这种作风不好嘛。”20世纪80年代，习近平同志在河北正定县当县委书记时，在调研中也习惯不打招呼，直接下乡、进厂、入户。正定县退休老干部张五普曾回忆：“我第一次见到近平同志是在1983年春天，那时我在西兆通公社任书记，他一个人来公社调研，骑一辆旧自行车，下自行车就和我握手。我说，‘习书记怎么你自己来了，你认得路啊？’习书记说，‘打听，我打听着就来了。’”同志们回忆，习近平同志进村调研，许多时候都是自己在街头一站，随机招呼遇到的村民，三三两两把人聚齐了，再通知大队干部开座谈会。来到浙江工作后，习近平同志的调研足迹遍及全省90个县（市、区），“八八战略”正是在充分调查研究的基础上形成的。2003年，时任浙江省委书记习近平在浙江日报“之江新语”栏目发表的首篇文章，讲的就是如何调研。在这篇不到300字的短文里，他提出在调研工作中一定要保持求真务实的作风，做好调查研究的“深、实、细、准、效”五字诀。

不可否认，过去领导干部下基层调研，曾出现各种形式主义问题，有的还相当严重。比如有张贴悬挂标语横幅、铺红地毯迎接调研的；有事先对调研线路精心设计的，什么让看、什么不让看，什么让说、什么不让说，每个点位都安排“演员”，甚至还形成了经典路线；有的未调研先签到，走访前先合影，名为下基层调研，却没有真正深入到群众中去，把调研当“作秀”；有的上车就睡觉，下车看展板，看似很忙碌，实则什么都没留下；还有的材料拿一堆，汇报听一通，对真正的问题视而不见，发表的“高见”也放之四海而皆准，调研前后一个样。这也给基层造成很大压力和负担。接到上级要来调研的通知，被调研单位就开始忙碌起来，提前踩点、准备汇报材料、整理台账、安排陪同……一大拨人围着调研转，手头要完成的工作反而放在一边。上述种种，都只会让调研“变味失真”，失去意义。形式主义的调查研究轻则劳民伤财，重则影响决策，耽误问题解决、贻误发展机遇，损害党和政府形象，最终将失去民心。党的十八大以来，党中央严厉整治形式主义，中央八项规定第一条就是改进调查研究，明确提出切忌走过场、搞形式主义。三令五申下，形式主义乱象基本消失，但形式主义具有顽固性、反复性、变异性，稍有时机就会变换“马甲”反弹回潮，下基层调研的形式主义还不同程度地存在。大兴调查研究，再次强调采取“四不两直”方式，就是要让调研回归本位，听真话、摸真情、取真经、求真知，真正解决问题。

调查研究是谋事之基、成事之道。面对世界百年未有之大变局，通过调研开路，解决基层的急难愁盼，以实际成效推动高质量发展，推进中国式现代化。“四不两直”，为的是切实减轻基层“迎检”的负担，让基层将更多的时间和精力放在真抓实干上，更是为了通过零距离与群众接触，面对面交流，真正看到基层的实际情况，听到群众真实声音，真正发现问题、解决问题。

# 第四章

# 做好调查研究的实施方案

调查研究是一项有计划的活动，需要事先做好实施方案。习近平总书记指出，深入调查研究首先要“制定切实可行的实施方案”。做好工作方案，一是情况要摸清，二是目的要明确，三是任务要具体，四是责任要落实，五是措施要有力。[①]中共中央办公厅印发的《工作方案》明确要求，“各级党委（党组）要围绕调查研究内容，结合本地区本部门本单位实际，广泛听取各方面意见，研究制定调查研究的具体方案，明确调研的项目课题、方式方法和工作要求等，统筹安排、合理确定调研的时间、地点、人员。党委（党组）主要负责同志要亲自主持制定方案”。习近平总书记关于调查研究的重要论述和《工作方案》的要求，为党员干部制定调查研究实施方案提供了基本遵循。

## 一、明确调查研究的项目课题

调查研究主题就是调查研究活动所要研究和解决的主要问题，调研主题规定了调研的目的、范围和要求。主题是调查研究的灵魂，是合理安排调查研究步骤所围绕的中心，聚焦主题有助于获取有价值的调查研究结果。选定调研主题是调查研究过程的起点，也是调查研究过程中最重要的一步。《工作方案》中列举了包括事关全局的战略性调

① 习近平：《研究供给侧结构性改革方案、长江经济带发展规划、森林生态安全工作》，《人民日报》2016年1月27日。

研、破解复杂难题的对策性调研、新时代新情况的前瞻性调研、重大工作项目的跟踪性调研、典型案例的解剖式调研、推动落实的督查式调研等6大类12个方面的调研内容，也就是12个方面的项目课题。这些课题都很重要，也很宏观，是从党和国家事业发展的战略性高度提出来的。各级党委（党组）一定要立足职能职责，结合实际情况，开展重点调研。那么如何确定调研的主题呢？换言之，确定调研的主题有哪些原则和依据呢？

### （一）围绕党和政府的中心工作去选择调查研究主题

以党的旗帜为旗帜、以党的意志为意志、以党的使命为使命，围绕中心、服务大局是调查研究工作的传统和优势。调查研究要为“以中国式现代化全面推进中华民族伟大复兴”的使命提供决策依据。各级政府的工作千头万绪，有数不尽的问题需要研究探讨。所以，我们的调查研究要围绕中心工作，考虑决策需要，关注重点热点问题，做到有的放矢。我们的调查研究工作只有忙在点子上，谋在关键处，才能富有成效，事半功倍。如果脱离中心工作，远离决策需要，其调研效果必然会大打折扣。[①]党的二十大报告指出，从现在起，中国共产党的中心任务就是团结带领全国各族人民全面建成社会主义现代化强国、实现第二个百年奋斗目标，以中国式现代化全面推进中华民族伟大复兴。2023年4月，习近平总书记在学习贯彻习近平新时代中国特色社会主义思想主题教育工作会议上指出，要“按照党中央关于在全党大兴调查研究的工作方案，组织广大党员、干部特别是各级领导干部扑下身子、沉到一线，深入农村、社区、企业、医院、学校、‘两新’组织等基层单位，把脉问诊、解剖麻雀，进行问题梳理、难题排查，运用党的创新理论研究新情况、解决新问题”。在制定工作方案时，要掌握习近平新时代中国特色社会主义思想中蕴含的思想方法与工作方法，

① 参见魏礼群《提高调查研究水平　做好决策咨询工作》，《今日中国论坛》2005年第4期。

认真学习和贯彻习近平同志关于调查研究工作的重要讲话和重要指示精神，在调查研究工作中见证思想的力量。

### （二）围绕经济和社会发展中的关键问题去选择调查研究主题

面对前所未有的复杂形势和艰巨繁重的任务，“各级领导干部特别是高级干部要围绕经济社会发展重大问题加强学习和调研，提高把握和运用市场经济规律、自然规律、社会发展规律能力，提高科学决策、民主决策能力，增强全球思维、战略思维能力，做到厚积薄发”①。当前，蓝图已经绘就，号角已经吹响，全党和全国各族人民正在为全面建设社会主义现代化国家、全面推进中华民族伟大复兴而团结奋斗。同时，我们必须清醒地认识到，前进道路上各种风险挑战、不确定难预料因素也将增多。所以，“我们要增强问题意识，聚焦实践遇到的新问题、改革发展稳定存在的深层次问题、人民群众急难愁盼问题、国际变局中的重大问题、党的建设面临的突出问题，不断提出真正解决问题的新理念新思路新办法”②。面对世纪疫情的深远影响，日益抬头的逆全球化思潮，明显上升的单边主义、保护主义，复苏乏力的世界经济，频发的局部冲突和动荡，加剧的全球性问题；面对我国改革发展稳定中躲不开、绕不过的深层次矛盾，党的建设特别是党风廉政建设和反腐败斗争中顽固性、多发性问题，来自外部的打压遏制随时可能升级……这一切迫切需要各级党委（党组）结合工作实际，开展深入调查研究，揭示这些复杂问题产生的根源，寻求解决这些重大问题的突破口。

### （三）围绕人民群众最关心、最亟须解决的问题去选择调查研究主题

“以人民为中心”是新时代国家制度建设与国家治理的核心价值理

① 习近平:《论坚持党对一切工作的领导》，中央文献出版社2019年版，第14页。

② 习近平:《高举中国特色社会主义伟大旗帜　为全面建设社会主义现代化国家而团结奋斗——在中国共产党第二十次全国代表大会上的报告》，人民出版社2022年版，第20页。

念，是开创新局面的根本出发点和落脚点。各级领导干部要时刻把人民群众的冷暖放在心中最高位置，始终做到民有所想、我有所谋，民有所呼、我有所应，民有所求、我有所为。当前我国打赢了人类历史上规模最大的脱贫攻坚战，全面建成了小康社会。但我国城乡区域发展和收入分配差距仍然较大，群众在就业、教育、医疗、托育、养老、住房等方面面临不少难题，社会保障问题解决的基础仍然不牢。为此，我们的调查研究要始终坚持人民至上的工作导向与走群众路线的工作方式，紧紧抓住人民群众最关心最直接最现实的利益问题。习近平总书记在中央全面深化改革领导小组第三十三次会议上的讲话中指出，抓调研工作，“对重大改革，要做足调查研究工作，对重要情况、矛盾焦点、群众期盼要心中有数，既搞清楚改革要解决什么问题，又善于从基层和群众中寻找解决问题的办法，拿出来的方案要有底气、接地气”①。

## 二、明晰调查研究的主要目的

“调查研究，是对客观实际情况的调查了解和分析研究，目的是把事情的真相和全貌调查清楚，把问题的本质和规律把握准确，把解决问题的思路和对策研究透彻。”②各级党委（党组）在制定实施方案时，要明确调查研究的主要目的。

### （一）把握事情的真相和全貌

“涉浅水者得鱼虾，涉深水者得蛟龙。”对现实情况的掌握越是全面、准确，就越能为谋划工作、制定决策提供科学支撑。2016年1月，习近平总书记在中央财经领导小组第十二次讲话中指出，做好工作方

① 《习近平关于调查研究论述摘编》，党建读物出版社、中央文献出版社2023年版，第44页。
② 习近平：《谈谈调查研究》，《学习时报》2011年11月21日。

案，首先是“情况要摸清，搞清楚现状是什么，深入调查研究，搞好基础数据测算，善于解剖麻雀，把实际情况摸准摸透，胸中有数，有的放矢”。

我国有960多万平方公里土地、56个民族、14亿多人口，治理不易，光是把情况了解清楚就不容易，切忌“盲人摸象”。就全国而言，东部地区、中部地区、西部地区各有各的情况，且情况不同。“这些情况都摸到了，然后才能综合成一个总体情况。”[①]同样，每个省市、县乃至乡、村的具体情况都不尽相同，各有各的特点和优势，也各有各的困难和不足。所以，各级党委（党组）要深入基层、深入群众，广泛听取意见，查明情况，摸清底数，抓紧制定调查研究的事实方案。“要针对机关、企事业单位和基层的不同情况，找准各自需要解决的突出问题，提出适合各自特点的办法措施，不搞一刀切。”[②]如，精准扶贫战略，就是习近平总书记在深入调查研究的基础上提出来的，是在坚持看真贫，坚持了解真扶贫、扶真贫、脱真贫的实际情况的基础上提出来的。如果没有对全国贫困地区、贫困家庭、贫困人口的全面了解，没有掌握我国贫困地区、贫困家庭、贫困人口的真相，就不能提出精准扶贫、精准脱贫的战略，更不用说打赢脱贫攻坚战。

调查研究是关系党和人民事业得失成败的大问题，是谋事之基、成事之道。所以，不能草率、马虎，不能赶时髦，不能靠“灵机一动”，而是要充分酝酿，不打无准备之仗。习近平总书记将搞好基础数据测算作为调查研究的“必选项”，强调要“搞好基础数据测算”。他指出，“我们的政策举措出台之前必须经过反复论证和科学评估，力求切合实际、行之有效、行之久远，不能随便‘翻烧饼’。否则，失之毫厘、谬以千里”[③]。搞好基础数据测算，是提高调查研究水平和质量的重要一环。在制定调查研究工作方案时，不仅首先要摸清本地区、本部门的

① 《习近平关于调查研究论述摘编》，党建读物出版社、中央文献出版社2023年版，第113页。
② 《十八大以来重要文献选编》上，中央文献出版社2014年版，第319页。
③ 《习近平关于调查研究论述摘编》，党建读物出版社、中央文献出版社2023年版，第4页。

总体情况，还要围绕拟调研的主题搞好基础数据测算，以提高调查研究的针对性、实效性。

福建省林权制度改革方案的出台，就是建立在对林权改革形势、风险的充分研判基础之上的，是调研工作之前搞好基础数据测算的一个典型案例。

**案例**

## 福建省林权制度改革方案的出台背景

20世纪80年代，针对全国有些地方出现乱砍滥伐的现象，中央暂停了分山到户的工作。20多年过去了，一些林业大省的广大林农却守着“金山银山”过穷日子。当时在福建工作的习近平同志认为，林权改革关系广大林农的切身利益，这个问题不解决，矛盾总有一天会爆发，还是越早解决越好，况且经济发展了、农民生活水平提高了，乱砍滥伐的因素减少了，只要政策制定得好、方法对头，风险是可控的。在全面了解掌握基本情况的基础上，为解决产权归属不清等体制机制问题，推动林权制度改革，他抓住“山要怎么分”“树要怎么砍”“钱从哪里来”“单家独户怎么办”这四个难题深入调研、反复论证，推出了有针对性的改革举措，形成了全国第一个省级林业改革文件。2008年中央十号文件全面吸收了福建林改的经验。

各级党委（党组）在制定调查研究实施方案时，一定要把掌握事情的真相和全貌作为调研的首要目的。因为真相不明，调研的科学性、可行性就要大打折扣，提出的解决问题的政策举措可能会“失之毫厘、谬以千里”。

### （二）揭示问题的本质和规律

实事求是是马克思主义的精髓，是我们党的思想路线，是做好各项工作的根本前提、思想保证。毛泽东同志在《改造我们的学习》一文中指出："'实事'就是客观存在着的一切事物，'是'就是客观事物的内部联系，即规律性，'求'就是我们去研究。我们要从国内外、省内外、县内外、区内外的实际情况出发，从其中引出其固有的而不是臆造的规律性，即找出周围事变的内部联系，作为我们行动的向导。"① 可见，调查研究是实事求是的前提和基础。全面了解掌握事情的真相和全貌，一个重要目的就是找出事物的内部联系，即规律性。2016年7月，习近平总书记在经济形势专家座谈会上的讲话中指出，专家学者要立足国情、深入调研，"注重从客观经济事实出发，揭示经济现象背后的本质及规律，努力多出经得起实践检验的研究成果，为经济社会发展献计献策"。所以，在制定调查研究实施方案时，要把揭示事物的本质和规律作为重要目的。

新时代，我们面临的新情况新问题并不比历史上其他任何时期少。面对日新月异的国内外形势，面对艰巨繁杂的改革创新任务，面对后疫情时代我国经济发展面临的压力与挑战，面对新阶段日益严峻的外部安全风险挑战，一切形式主义、教条主义、经验主义都是行不通的。广大党员干部特别是领导干部一定要"提高辩证思维、系统思维能力，带着问题深入调查研究，善于透过现象看本质，提高把握问题实质、把握矛盾规律的能力"②。事实上，任何事物即使再复杂的事物也有其内在规律，关键是我们要把事物本身搞清楚，在复杂事物中找出它们内部的联系及其运行规律。比如，在疫情防控和经济社会发展方面，首先要把疫情的实际情况搞清楚，对疫情发生流行的机理形成科学的认识；同时要把疫情防控时期经济社会发展的实际情况搞清楚，找出疫

① 《毛泽东选集》第三卷，人民出版社1991年版，第801页。

② 《习近平关于调查研究论述摘编》，党建读物出版社、中央文献出版社2023年版，第6页。

情防控与经济社会发展之间的内部联系即规律，做到统筹兼顾。2020年6月，习近平总书记在专家学者座谈会上向专家提出，希望大家深入调查研究，“加强前瞻性谋划和规律性思考，提出真知灼见，为统筹好疫情防控和经济社会发展工作、加快恢复生产生活秩序、早日夺取抗击疫情斗争全面胜利作出新的更大的贡献”。又如，在实现中华民族伟大复兴战略全局和应对世界百年未有之大变局方面，重要的是对“两个大局”的历史、现状、未来要有清醒的认识和研判，不仅要了解和掌握二者各自发生演进的内在规律，更要找到二者相互作用、相互统筹的规律所在。如果我们做调查研究不能发现事物的本质和规律，调查研究就会止于现象、流于形式。

### （三）提出解决问题的思路和对策

调查研究的根本目的是解决问题。“衡量调查研究搞得好不好，不是看调查研究的规模有多大、时间有多长，也不是光看调研报告写得怎么样，关键要看调查研究的实效，看调研成果的运用，看能不能把问题解决好。”[①]调查研究要有“半杯水”心态。“半杯水”里装什么？装问题。相应地，用“另外半杯”装回“干货”，提出解决问题的新思路新办法。大兴调查研究，绝不是为调研而调研，而是要真正解决问题。

《工作方案》要求“扑下身子干实事、谋实招、求实效”，“直奔问题去，实行问题大梳理、难题大排查，着力打通贯彻执行中的堵点淤点难点”。这就需要把解决问题的思路和对策研究透彻，提出切实可行的具体措施，不断把“问题清单”转化为“成效清单”。调查研究所追求的不应该是风风火火、冠冕堂皇的形式主义上的做派，是否解决实际问题、所获取的实际效果才是衡量调查研究水平高低的重要评判标准。党员干部在调查研究工作中要重视问题的解决，对于在调查研究过程中反映和发现的问题，形成问题清单、责任清单、任务清单，制

① 习近平：《谈谈调查研究》，《学习时报》2011年11月21日。

定实效性、操作性较强，成本较低的解决问题的最优对策和举措，最后变“问题清单”为“成果清单”。对于制定工作方案而言，党委（党组）主要负责同志要将调查研究的焦点聚焦到人民群众生产生活、经济社会发展实际、全面从严治党面临的现实问题上，聚焦到贯彻落实党的二十大精神需要解决的问题上来，并提出相应的解决措施与解决手段。

## 三、厘清调查研究的具体任务

做好调查研究实施方案，“任务要具体，搞清楚到底要干什么，确定的任务要具体化、可操作”①。任务要具体、可操作，就是要把调查研究内容所涉及的概念具体化和明确调查研究的分析单位。如果在制定调查研究实施方案时不厘清这些问题，调查研究开始后就会手足无措，陷入被动。

### （一）概念的操作化

在厘清调查研究的具体任务后，就要对调查对象的态度、行为、特征等问题进行调查。自然科学研究中的概念来自客观的自然世界，比较容易形成统一的定义和观察指标，但是在社会科学研究中，大部分概念都来自人们长期的生活实践，通过人们的感受和认识以及彼此之间的相互交流而产生形成，具有高度的抽象性，是人们对众多复杂的现象的具体感受和思维活动的结果与产物。它具有抽象和无法直接观测的特性，是人们为了识别或认识某一事物或现象而以一个名词对此进行模糊而抽象的概括。这时，往往无法直接进行资料收集，就需要进行操作化处理。

① 《习近平关于调查研究论述摘编》，党建读物出版社、中央文献出版社2023年版，第42—43页。

所谓概念的操作化，实际上就是概念的具体化，将一个模糊或抽象的概念，通过逐步地澄清、界定和分解，转变成为可以观察和测量的指标与可被调查资料检验命题与假设的过程。操作化是调查研究分析必须经历的一个环节，通过操作化，不仅可以使概念或假设具体化，使调查研究能够正常实施，还可以对研究对象或事物同时进行定性和定量分析，而避免研究分析的片面化和犯主观臆断的毛病，从而得出更科学合理的调查研究结论。

对概念进行操作化，首先要弄清概念的明确含义，明确概念指称什么，排斥什么，范围多大；确定概念的含义、内容、性质和所指的范围，把概念的真正内涵和外延弄清楚了，也就能确定调查和操作化的范围，这样才能进行操作化。例如社区是一个至少有几十种定义的概念，这么多的定义，如果在调查研究中没有弄明白究竟指代什么，就根本无法进行研究设计和调查研究。那么，如何确定概念的内涵呢？通行的做法就是对复杂或抽象的概念进行分解或降低概念所指内容的维度，弄明白概念所包含的层次，逐级进行分解或逐步降低概念的维度，直到其化解为可以分析的若干单元，然后将所分解的单元进行归类，以便确定概念所涉及的范围，同时还可以概括出不同类型的共同特征和属性，在此基础上就可以对概念进行定义了。比如教育，这是一个很宽泛的概念，它究竟指什么教育呢？它是指家庭教育、社会教育，还是学前教育、义务教育、学历教育、职业教育，还是其他，这就要看是出于什么研究目的或需要来确定的教育的范围和内涵。

概念内涵确定后，就要考虑如何来测量概念，选用什么指标对概念进行测量。指标指的是表示概念或变量的一组可观测的事物或项目，是概念或变量的标识，是对经验现象的直接表达。对于一些简单的概念，我们可以从经验现象中直接选用一些指标进行测量。但一个指标不能把概念内涵的所有内容表示出来，仅仅能表示概念内涵的某一方面或某一部分。为了能表示概念内涵的全部方面或所有内容，就必须用多个指标或一组指标体系来表达概念内涵，这就需要根据概念的内涵发展出能够表示其所有方面的指标，然后挑选出最合适的指标。

对于每一项调查研究而言，在调查研究工作方案设计过程中重要的工作是从自身调查研究的角度提出对概念的清晰定义。比如“集体观念”，不同的人在不同的社会背景下，对其内涵的界定也存在很大差异。国内一些学者认为，现代城市社区或农村村落的居民社区观念或村落集体意识淡薄，提出要加强城乡社区文化建设；有些学者认为，“80后”“90后”大学生的集体观念淡薄，提出要加强大学生集体主义精神的培养。那么，事实是否如此呢？通过对实地调研或现有文献的查阅，发现得出这一结论与学者们对“集体观念”的概念界定有关，因为他们认为现代城乡社区居民或村民、现代大学生无法想象以前，比如雷锋时代的社区、村落，无法理解以前为了集体利益而牺牲个人利益的现象。可以看出，这里的集体观念强调的是集体利益与个人利益发生矛盾时，应优先考虑集体利益。而通过对社区居民的调查结果发现，城乡社区居民更多地是从集体利益与个人利益的一致性和相互协调的角度理解集体观念的。因此，所得出的结论自然就和以前大多数调查研究结果不一致。再比如性别，就是男性和女性；一个人的受教育水平，可以用受教育的年限这一个指标表示出来。但是，复杂的概念，就需要用多个或一组指标体系从不同的方面或维度来测量概念的内容，才能对概念有一个全面而整体的认识，这就需要创建一个统一尺度的综合指标或指标体系来进行量度。具体的做法就是先把概念分成若干个方面或类别，然后从每一个方面选出一个或多个指标进行测量，再用一个尺度将所有方面的指标都统一起来。比如美国社会学家邓肯在调查一个社会成员的社会地位时，就建立了社会经济地位指数这样一个综合指标，他把人们的收入、职业、声望和教育等地位特征纳入一个统一的地位指标体系中来，用这个地位指标体系测量一个人在社会中所处的阶层位序。假如我们仅仅用一个收入、一个职业或一个教育指标去测量人们的社会阶层地位，就很难真正准确地衡量人们的阶层位置。总之，概念的操作化就是概念的具体化过程，就是一步步、一层层地把一个抽象的概念通过降低其维度，层层剥开，下降到经验和具体的层次，使之成为一个可以观测的事物。

### （二）明确调查研究的分析单位

分析单位的选择和确定是调查研究工作方案中的一项重要内容，它是指一项调查研究中所研究的对象，但它不是调查对象，也不是研究内容或研究主题。调查研究中的分析单位主要有以下类型：个人、群体、组织、社区和社会产品。无论是哪种类型的分析单位，都有一些共同的特点：社会调查所收集的资料描述的就是分析单位中的每个个体。如果分析单位是社区，如乡镇，则调查研究资料所描述的就是这个乡镇的状况，如人口规模、产业状况、经济状况等。如果分析单位是个人，则调查资料描述的就是个人状况，如性别、年龄、文化程度、职业等。将这些对个体的描述汇总起来，就可以去描述这些个体所组成的群体（调查样本），并用样本的统计结果推断样本所在的总体。例如：在一项关于农民工务工倾向的调查研究中，农民工就是我们的分析单位，调查资料首先要直接描述每个农民工的状况，如他们的年龄、性别、文化程度、基本技能以及他们对未来务工的选择意向（公司所在的区域、公司性质、薪酬、行业、职位等）。然后，将这些对每个农民工的描述以平均数、百分比等形式汇总起来，就可以用来描述这些被调查的农民工所组成的样本，再通过特定的推论统计方法，就可以得到这个样本所代表的农民工总体的有关特征及务工倾向。

另外，要将分析单位与调查对象、研究内容和研究主题加以区分。从分析单位和调查对象的关系看，分析单位是一项调查研究的对象，调查对象是研究者收集资料时直接问卷或访谈的对象。例如，一项关于企业对税务部门工作满意度的调查研究中，分析单位是“企业”，而调查对象则是每个企业中的“法人代表”、“财务负责人”或“报税员”。从分析单位和研究主题或研究内容的关系看，研究主题或研究内容是分析单位的属性或特征。在上文的例子中，分析单位是“企业”，而研究内容则是“对税务部门工作的满意度”。还应特别指出的是，虽然分析单位和调查对象是不同概念，他们可能不一致，但有时候，分析单位和调查对象可能由同一对象承担。比如，对农民工务工意向的调查研究，分析单位和调查对象都是农民工。因此，在具体的调查研究工作方案中，要对分析单位和调查对象加以仔细区分，否则，就可能产生与分析单位有关的错误。

一是层次谬误，又称为区群谬误、生态谬误或体系错误。它指在调查研究中，研究者用一种比较大的集群分析单位做研究，但用另外一个比较小的或非集群的分析单位做结论的现象。比如，研究者所收集的是某个企业的资料，但是从这些资料中得出关于个人行为的调查研究结论，这时，就犯了层次谬误。再如，在以村庄为分析单位研究生育率的时候，研究者发现越穷的村庄生育率越高，但研究者就此得出推论说“越穷的农民生的小孩越多”，则犯了层次谬误，因为前一个结论的分析单位是社区，而后一个结论的分析单位是个人。可能是穷村中的那些较富裕的农民生的孩子多，才使得整个村庄的生育率增高。类似的例子还有很多，比如，调查发现流动人口多的城市犯罪率大大高于流动人口少的城市，我们并不能因此就得出流动人口的犯罪率高的结论，因为也许是流动人口多的城市中本地人犯罪多，而使得整个城市的犯罪率增高。

二是简化论，又称简约论、还原论。它指研究者用个体层次的资料和结论来解释宏观层次的现象。例如，调查研究者收集的资料是关于个人的资料，得出的却是关于群体、组织或更加宏观层次的单位如何运行的结论。主要原因就是调查研究很容易获得个人的具体资料，而宏观层次的单位的运行则往往比较抽象和模糊，资料也不容易收集。

层次谬误和简化论都是与分析单位的混淆或误用有关系，也是统计分析和推论中很容易犯的错误。避免这两种错误的关键在于，要保证作出结论时所用的分析单位与收集、分析资料时所使用的分析单位一致。这说明，在调查研究工作方案的制定过程中，对所进行的调查研究的分析单位有一个清晰的认识和清晰的界定是非常重要的。

分析单位的类型有以下五种。

一是个人。个人是调查研究中用得最多的分析单位类型。但是个人作为一种分析单位类型，在具体的调查研究中可能各不相同，他既可能是农民工、工人或家庭主妇，也可能是大学生、中学生或学生家长，还可能是职业女性、个体经营者、民营企业家等。比如，在一项关于某个城市就业问题的调查研究中，该城市中的每一个合格的劳动力（年龄为18～60周岁的健康公民）就是我们的分析单位。可以用性别、年龄、文化程度等来描述他们每个人的特征，再用在业、待业和失业来描述他们每一个人的就业状况，然后用这些指标去描述该城市整个劳动力总体的就业状况，而用不同就业状况的群体的平均年龄、男女比例和文化程度的分布等，去分析和解释与这种就业状况相关的各种原因和结果。

二是群体。社会群体是构成社会的基本单位之一，是通过一定的社会互动和社会关系结合起来的人群集合体。例如，由学生组成的班级、年级，由婚姻关系、血缘关系或领养关系组成的家庭，由居住在一起的居民家庭组成的邻里，由共同的兴趣、爱好、利益或信仰组成的朋友群体。这些由若干个个人组成的各种社会群体，也可以成为调查研究中的分析单位。应当强调的是，当我们以社会群体为分析单位时，该群体就是资料集合中的最小单位，调查研究中的所有分析和描述都必须是针对群体的，而不能下滑到群体中的个人。

三是组织。组织是正式群体中的一种，其成员的地位、角色、行为规范，以及权利、责任和义务都有明确的规定，并有相对固定的成员身份。例如，企业、机关、学校、医院等。这些正式组织同样可以成为调查研究的分析单位。比如，对某个初级中学进行调查研究，则可以用占地面积、办学规模、师资力量、教学质量、学生人数等指标对各个初级中学进行描述，并将不同的初级中学进行比较，进而通过对初级中学的各种特征的分析来解释或说明某种社会现象或规律性。

四是社区。社区是指生活在同一地理区域内、具有共同利益的人们的生活共同体，比如乡村、城镇、街道、城市等。在调查研究中，社区同样可以是分析单位，可以用社区人口规模、习俗、空间范围、异质性程度等特征来对特定社区进行描述，可以通过对这些特征之间的关系加以分析来解释或说明某些社会现象或某种规律性。比如，对社区流动人口对社区异质性程度的影响、社区异质性程度和社区犯罪率之间的关系进行调查研究，社区就是我们的分析单位。

五是社会产品。除了上述四种分析单位类型，尚有另外一些分析单位的形式，这些分析单位涉及人类行为及其结果的各个方面，我们统称为“社会产品”。社会产品作为分析单位，其本身也有不同的类型和层次：有建筑、服饰、歌曲、广告等实物类型；也有求职、约会、学习、考试、婚礼等行为类型；有更为抽象的类型，如家庭制度、文化习俗等。比如，我们可以通过分析某一时间段内服饰的各个要素的变化，来描述和解释服饰风格的演变过程，也可以分析婚礼规模的大小、费用的多少等特征来对婚礼仪式进行描述并加以区分和比较。

## 四、确定调查研究的基本步骤

调查研究实施方案在完成对调查研究项目课题、主要目的、具体任务的论证后，接下来就是要明晰几项具体工作步骤，主要包括抽样方案的确定、资料收集和分析方法的选择以及人员、时间、经费的安排等。

### （一）确定抽样方案

在调查研究工作方案中，抽样方案的确定是非常重要的工作。所谓抽样，指从所要调查研究的总体中，用特定的方式抽取一部分研究对象作为样本进行调查的过程，其基本要求是要保证所抽取的样本对总体具有充分的代表性。在抽样中，从总体中所抽出的那一部分研究对象对总体是否具有代表性，以及代表性的大小，是和抽样方法、抽样过程紧密相关的。

比如，针对某省养老服务体系调查的课题，其抽样方案如下：

就具体的问卷调查而言，本项目将采用对阶段分层随机抽样的方法，在某省所辖的所有地区抽取有代表性的老年人。具体方法为：第一步，抽取市。在某省所辖的所有地级市和县级市中，用简单随机的方法抽取5个市。第二步，抽取县。如果抽中的是地级市，则在其所辖的县中，用简单随机抽样的方法抽取1个县；如果抽中的是县级市，则保留该县级市，因此，一共抽取5个县或县级市。第三步，抽取乡或街道。在抽中的每个县或县级市中，按照随机原则抽取1个乡镇；同时，在所抽中的县或县级市中，按照随机原则抽取1个街道，因此，一共抽取5个乡镇和5个街道。第四步，抽取村委会或居委会。在所抽中的乡镇中按照随机原则抽取1个村委会，在所抽中的街道中按照随机原则抽取1个居委会。第五步，在各个村委会或居委会的花名册上，用分层抽样的方法抽取规定的样本。

### （二）选择资料收集方法和资料分析方法

调查研究中有各种不同的资料收集方法，而每一种具体的资料收集方法都有特定的优点和不足，因而适用于各种不同的条件和场合。研究者需要按照调查研究课题的具体情况，有针对性地选择合适的资料收集方法，以达到最佳的研究效果。在选择合适的资料收集方法时，需要综合考虑很多因素，比如，总体的性质，样本规模，调查目标，调查重点，调查课题的时间要求，研究者的人力、物力等因素。

就资料分析方法而言，不同类型的调查使用的分析方法也不太相同。例如，探索性调查主要运用定性分析方法，描述性调查主要运用基本的描述统计和推论统计，而解释性调查就需要运用双变量与多变量的相关分析及其他一些更为复杂的统计分析方法。在一项具体的调查研究课题中，需要使用什么样的分析方法，由调查的目标、要求、内容以及资料的特征而定。

## （三）挑选和培训工作人员

任何一项调查研究工作方案，都不是研究者个人所能独自完成的。如果是小型调查研究项目，研究者可能需要安排调查人员、督导人员、复核人员、数据录入人员等。对于一项较大规模的调查研究而言，可能就需要多个研究者的共同努力和参与，这样就涉及挑选、培训调查人员及相关工作人员的问题。因此，在调查研究工作方案设计时，研究负责人需要对调查研究项目的组成人员及分工进行通盘考虑，并制定相应的组织管理办法。对于调查人员及相关工作人员的挑选、培训工作，要统筹安排，制定出切实可行的培训方案。对于复杂的调查研究，需要制定完善的调查研究培训手册，以确保调查研究工作的顺利进行。

## （四）安排好时间和经费

一项调查研究从调查课题选择到完成调查报告，一般有时间上的限定。为了在规定的时间内高质量地完成调查研究课题，研究者应该在调查研究工作方案的设计中，对整个调查工作的时间分配和进度进行详细的安排。在调查研究课题的时间进度安排上，需要注意的是，给每一阶段分配的时间要恰当并且具有一定的弹性，特别是在前期的调查研究工作方案设计和问卷设计阶段，要留出较为充裕的时间。在一切准备就绪、思考清楚后，再开始做收集资料的工作。另外，在调查研究经费使用方面，需要使用经费的环节包括设计问卷、试调查、访问员的劳务费用、被访者的礼品或酬金、差旅费、资料费，以及在资料分析和调查研究报告撰写阶段所需要的各项费用等。因此，在调查研究工作方案设计中，应该对各个环节所需要的费用有一个大致的考虑和合适的分配，以保证各个调查研究阶段的工作能顺利进行。这里选择一个具体的案例加以说明。

### 案例

## 赤峰地区农牧民与汉族的通婚研究

1.调查目的：通过对影响蒙汉通婚的各种因素的分析，探寻民族通婚的一般模式，建立一种理论模型来说明中国的民族通婚问题。这一研究对于认识目前的民族关系，制定民族政策有一定的现实意义，对于民族学、人口学和社会学的理论建设也有一定的参考价值。

本研究的基本设想是：影响蒙汉通婚的主要因素有6类，包括经济活动、居住特点、人口迁移、语言文化、历史因素和政策因素，其中后两种因素起独立的影响作用。通过对前4类因素的界定、分解和操作定义，筛选出10个影响民族通婚的变量：①某一个民族在一个村的总户数的比重；②居民的平均文化水平；③户主的年龄；④户主的文化水平；⑤职业；⑥户口类型；⑦是否移民；⑧掌握另一民族语言的能力；⑨邻居中另一民族成员的多少；⑩与另一民族成员的交友情况。将这些自变量与因变量（民族通婚程度）联系起来，建立了一组研究假设和一个复杂的因果模型。

2.调查研究类型：解释性调查、抽样调查。

调查方法：以问卷法为主，结合访问法、观察法。

3.调查范围：内蒙古赤峰地区。

分析单位：家庭（户）。

4.抽样方案。研究总体是赤峰地区的居民，根据地区特点选择4个有典型意义的旗（县），在这4个旗（县）中选择5个有代表性的乡，再在这5个乡中各选择2～3个村，共选出12个村，这12个村共3200户，从中随机抽选（约每4户中选3户）出2439户，每户调查户主1人，共调查2439人。

5.调查内容。户主的主要特征：自变量③～⑩，各特征组的民族通婚程度，户主所在村、乡、旗的历史状况与现状，民族政策的历史变化。

调查问卷调查指标和项目包括户主的年龄、文化水平、职业变动、婚姻史、配偶情况、生育史、语言能力、社会交往情况、邻居情况、个人收入、个人对居住地的满意程度等，他们是对自变量③～⑩的测量，对每一指标或项目设计一个或几个问题来了解。以上是主要问卷，此外还设计了两个辅助问卷，一个用来了解家庭情况，另一个用来了解迁移情况；在了解村、乡、旗的历史与现状时，是根据事先设计的调查提纲进行的。

6.调查时点：1985年6月1日。在6月1日以后迁入的户主不在调查范围内，6月以后结婚的不作统计。

调查场所：直接进入家庭访问，填写问卷。

调查时间计划：

准备阶段：1985年2月至1985年5月，查阅文献，到赤峰地区的政府有关部门了解情况，到调查地区实地初步考察，对问卷初稿进行整理，修订问卷。

调查阶段：1985年6月至1985年8月，每天访问40～50户，60天完成调查。除在12个村进行问卷调查外，还需要考察这5个乡其他41个村的概况。

研究阶段：1985年9月至1985年11月，整理资料，处理数据，将资料和数据输入计算机，汇总分析，打印统计表格，计算相关系数等。

总结与应用阶段：1985年12月至1986年3月，结合资料的统计分析和理论分析撰写调查研究报告。

7.调查员的培训与组织：课题组共5人，其中3人是调查员，由2

名研究人员带队，示范并负责检查调查情况，核对工作。

8.调查经费和物质手段。

（注：该案例来自北京大学社会学研究所边区开发课题组）

**延伸阅读：**

1.《研究供给侧结构性改革方案、长江经济带发展规划、森林生态安全工作》，《人民日报》2016年1月27日。

2.习近平：《在全国脱贫攻坚总结表彰大会上的讲话》，载《习近平著作选读》第二卷，人民出版社2023年版。

3.习近平：《努力成为可堪大用能担重任的栋梁之才》，载《习近平谈治国理政》第四卷，外文出版社2022年版。

# 第五章

# 掌握调查研究的基本方法

毛泽东同志指出，“不做调查没有发言权”，“不做正确的调查同样没有发言权”。[①]这其中即包含了调查研究要重视方法的含义。习近平同志也指出，做调查研究工作要“遵循调查研究的特点和规律，掌握科学的调研方法”[②]。他还指出：“调查研究方法也要与时俱进。在运用我们党在长期实践中积累的有效方法的同时，要适应新形势新情况特别是当今社会信息网络化的特点，进一步拓展调研渠道、丰富调研手段、创新调研方式，学习、掌握和运用现代科学技术的调研方法，如问卷调查、统计调查、抽样调查、专家调查、网络调查等，并逐步把现代信息技术引入调研领域，提高调研的效率和科学性。”[③]本章着重介绍四种常用的调查研究的基本方法，即实地调查法、座谈访谈法、问卷调查法、抽样调查法。

## 一、实地调查法

### （一）实地调查的概念与类型

实地调查是一种深入社会现象的产生背景中，以参与观察和非结

① 《毛泽东选集》第一卷，人民出版社1991年版，第118页。
② 习近平：《之江新语》，浙江人民出版社2007年版，第166页。
③ 习近平：《谈谈调查研究》，《学习时报》2011年11月21日。

构式访谈的方式收集资料，并通过对资料的定性分析来理解和解释社会现象的一种调查研究方式。实地调研的类型可分为以下几种。

1.随机走访与蹲点调研

根据调查地点固定与否，实地调查可以分为随机走访与蹲点调研。

（1）随机走访

习近平同志指出，领导干部搞调研可以有“规定路线”，但还应有“自选动作”，看一些没有准备的地方，搞一些不打招呼、不作安排的随机性调研，力求准确、全面、深透地了解情况，避免出现“被调研”现象，防止调查研究走过场。[①]习近平同志在此提到的实地调查法就是随机走访。

随机走访就是根据工作需要，以随机选点为主要特征，以实地调研为主要方式，直接向基层单位和党员、干部、群众了解真实情况的一种专题性、抽查式的调查方法。

随机走访应当注意以下几个方面的要求。

第一，保障随机性。这是成功开展随机走访的前提。在随机走访工作的开展中，调查者与被调查者之间往往存在一定的微妙关系，影响着随机走访结果的真实性和有效性。因而，随机性显得意义重大。当前，各级领导干部深入基层调研，旨在在调研中发现问题、解决问题，在调研中学习，在调研的基础上总结经验、开展工作。只有把随机性作为随机走访的前提，才能从基层取得真经，增长知识才干，提高能力和水平。

第二，重视科学性。科学性是随机走访的根本要求。以往有些领导下基层调查研究，总是先发文件，打招呼、提要求、作指示，下级则集中力量撰写汇报材料，精心选择调研点。领导调研听到的、看到的都是特色亮点，结果总认为基层形势一片大好。出现这种状况与调研方法缺乏科学性密切相关。只有掌握科学的调研方法，放下官架子，

① 习近平：《谈谈调查研究》，《学习时报》2011年11月21日。

不打招呼、一查到底，才能真正看到基层的真实面貌。

第三，要有针对性。针对性是开展随机走访的内在要求。随机走访在时间、地点、调研对象的选择上具有一定的随机性和灵活性，但随机走访要有针对性，要在随机中有目的性地开展调研，在调研中有针对性地开展工作，确保不走过场。调研的最终目的是解决问题，解决问题的前提是发现问题，发现问题的根本是深入问题，寻找问题的根源。只有从源头发现问题，寻找根源，才能有针对性地指导工作，推进落实，而不是把时间仅花费在看材料、听汇报上。只有带着问题走出办公室，深入一线，才能切实掌握一线的情况，所制定的政策才具有科学性和民主性。在随机走访中要做到事前准备、事中随机、事后总结，并及时对调研结果进行分析研究，这样才能更好地为科学决策服务。①

第四，抓住“直接”这个关键。随机走访的优势是直接。一段时间以来，有些领导干部习惯于在层层陪同下到事先安排的地方调研，也习惯于蜻蜓点水式地发问。这样难以听到真实声音和了解到真实情况，应当做到不打招呼，不搞“层层陪同”，直接到群众当中去，避免人为安排走过场、精心设计搞“彩排”的形式主义，见人就问，随地就谈，一竿子插到底，做到不扰基层，直接走到群众当中去，与群众同吃同住同劳动，详细了解群众的生产生活状况，应当做到不搞“室内调研”，直接到工作一线去，不搞“筛选过滤”，直接获取第一手材料。

第五，要把握“实效”。随机走访的目的是要取得实效。在调研中，既要注重结合实际，也要注重方式方法，更要注重解决问题，确保随机走访取得实效，如果不解决问题，调研就失去了意义，要在结合实际上突出“实效”，要在方式方法上突出“实效”，要在解决问题上突出“实效”。②

---

① 中共昆明市委组织部编《走基层　转作风　谋跨越：昆明市随机调研文集》，云南人民出版社2013年版，第163—165页。

② 中共昆明市委组织部编《走基层　转作风　谋跨越：昆明市随机调研文集》，云南人民出版社2013年版，第59—61页。

（2）蹲点调研

毛泽东同志曾指出："社会主义建设，从我们全党来说，知识都非常不够。我们应当在今后一段时间内，积累经验，努力学习，在实践中间逐步地加深对它的认识，弄清楚它的规律。一定要下一番苦功，要切切实实地去调查它，研究它。要下去蹲点，到生产大队、生产队，到工厂，到商店，去蹲点。"①在此，毛泽东同志提到的就是蹲点调研。习近平同志也充分肯定"蹲点调研"的作用，指出"过去常用的'蹲点调研'、'解剖麻雀'的调研方式依然是管用的"②。蹲点调研，就是调查者亲自蹲到一个调查点上去，在调查点对调查对象做深入细致和全面系统的调查，掌握情况，借以认识客观事物的规律，推断出总体情况。

由于研究者在调查点上蹲的时间较长，蹲点调研有如下特点和优势。

第一，有利于调查研究的系统性。使用访谈法、观察法、问卷法等进行调研，虽然也能调查研究对象的发展变化情况，但因时间和接触面有限，难免有不足。如果得到的情况比较零乱，就很难系统把握，蹲点调研则可以克服这种不足。因为调查人员较长时间蹲在调查点，那里什么时候发生了什么事情，产生了什么变化，都亲身经历和亲眼看到，这样就会形成系统性的思维。

第二，人际关系熟，有利于开展一些深层次的调查研究。调查研究活动是一个人们相互交往的社会过程。其间，调查者与被调查者的相互关系、相互配合如何，往往直接关系到调查研究成果，相互之间熟悉、了解和信任了，就可以无话不谈，这就为调研者的蹲点调研提供了良好条件。

第三，可广泛采用各种调查研究方法，并能实现有机结合。收集资料的有效调查方法有访谈法、观察法、问卷法等，但它们在具体实

---

① 《毛泽东文集》第八卷，人民出版社1999年版，第303页。

② 习近平：《努力成为可堪大用能担重任的栋梁之才》，《求是》2022年第3期。

施时，对于确定调查对象一般要费很多功夫，要事先进行一些初步分析。在具体进入调查现场时，也有一些讲究，调查人员常常为这些事情发愁。如果实施蹲点调研，则可省去许多麻烦。蹲点调研人员由于了解调查点上的各方面情况，在调查点的时间又充裕，哪种调查方法收集资料的效果更好就采用哪种方法。

第四，可边调查研究边开展工作，使实地调查研究与调研成果的推广运用实现高度统一。调查研究要为领导决策和指导工作服务，唯独蹲点调研在这方面结合得更紧。调查者在调查点上一般既是调查队员又是工作队员。调查研究的课题紧扣工作的进展和需要提出，调查研究中得出的经验、教训可及时推介到具体工作中，具体工作中的许多问题、情况又反馈到调查点进行观察、实验和研究。调查研究因而与解决问题紧密结合，这是其他调查方法都很难做到的。①

2.个案研究与社区研究

根据调查对象的范围，实地调查可以分为个案研究和社区研究。

个案研究是对一个人、一件事、一个社会集团等进行的深入全面的研究。个案研究的应用非常广泛，常见的有家庭个案、老年人个案、儿童个案、企业个案等。一般来讲，个案研究法适用于以下几种情况：一是了解某一调查对象的生活史或发展过程。个案研究法注重生活史和过程的分析，它通过深入的实地调查来了解每一个个案的生活经历以及生活史中的重大事件，以便探讨个体行为和观念的成因。二是分析人们的行为和生活方式对社会文化背景和生活环境的关系。个案研究法可通过对社会文化背景的分析来了解人们的行为。三是了解某些独特因素或事件对人们特定行为的影响。某些重大或独特的事件可能会对人的行为产生特殊影响，个案研究法可通过对此进行研究来了解人们的特定行为。四是研究特定文化下的群体行为。个案研究法可通过研究个人生活及其需求、动机、兴趣来了解特定文化背景下

① 参见张洪波《调查研究艺术》，改革出版社1994年版，第79—83页。

的群体行为。

当调查对象是一个社区时，这就是社区研究。社区是人们在社会中赖以生存的一种重要形式，也是构建整个社会的重要单位。社区与人们的社会生活以及整个社会的发展密不可分。研究者常采用观察、访谈，以及收集当地文献等方法来收集资料，而且研究者通常都要在该社区生活一段时间，参与当地人的社会生活。

3.观察法与无结构式访谈法

根据调查资料收集的具体方法，实地调查法可分为观察法和无结构式访谈法。

所谓观察法，是指研究者根据一定调查目的，有计划地运用自己的感官或借助科学观察工具，能动地了解处于自然状态下的社会现象的一种调查方法。社会调查中的观察不同于人们的日常观察。日常观察是盲目的、无计划的随意观察，而社会调查中的观察是研究者明确了一定研究目的，按照预先的理论准备和较系统的研究计划，进行连续细致的观察和记录，以便全面而准确地获得调查研究资料。这就要求研究者的观察有计划性、目的性和系统性，同时，要求研究者对所观察到的事实作出科学解释。观察法可根据不同标准进行划分。例如，根据观察对象的不同，观察法可分为直接观察和间接观察；根据观察程序的不同，观察法可分为结构式观察和非结构式观察；根据观察者参与研究对象活动的程度，观察法可分为完全参与观察、半参与观察、非参与观察等。

无结构式访谈，是一种半控制或无控制的访问。它事先不设定问卷、表格和提出问题的标准程式，只给调查者一个题目，由调查者与被调查者针对该题目自由交谈，调查对象可畅所欲言，而不用顾忌调查者的需要。调查者在访问过程中不断提问，进而深入了解事件。在这种类型的访问中，调查者提问的方式和顺序、调查者的回答和谈话的外在环境等，都不是统一的。与结构式访谈相比，无结构式访谈最主要的特点是弹性大，能充分发挥访谈双方的主动性、积极性和创造性，但访谈结果不便于定量分析。

### （二）实地调查的实施过程

实地调查的实施过程可分为以下六个步骤。

第一，选择实地。选择地点是进行实地调查法的前提。选择实地并不仅仅是为确定调查地点，而是包括确定课题和确定实地两个层面。研究课题的确定受研究者自身和客观条件的限制。从研究者的角度来看，一方面，研究者自身的研究能力、兴趣、素养和前瞻性，对研究课题的确定有决定性影响；另一方面，诸如文献资料、科研经费、社会意识形态等客观条件也影响着研究课题的确定。因此，在研究课题的确定上，必须根据主客观条件选择合适的课题。研究课题确定后就要确定实地调查的地点。实地的选择必须符合两个原则：一是相关性原则，二是方便性原则。所谓相关性原则，是指要尽量选择与研究课题密切相关的现场；所谓方便性原则，是指在符合相关性的前提下，现场要容易进入和观察。

第二，进入现场。顺利进入现场是实地调查的关键。进入方式主要有两种：一种是通过正式的机构介绍进入，另一种是通过熟人关系进入。对于那些适用正式的接触且表明研究者身份的课题，可采取正式的、合法的身份，持单位介绍信，以研究者身份进入现场进行直接的、正式的观察和访谈。对于有些不宜通过政府机构的课题，研究者可通过研究对象所生活的社区的熟人，以非正式渠道进行接洽，征得研究对象同意后，以研究者的身份进行直接而正式的实地调查。对于某些特殊课题来说，则需要采取隐蔽进入的方式。隐蔽方式尤其适合边缘群体研究。它的好处是避免协商进入可能遇到的困难，行动较自由，但缺点是研究者不能公开地广泛地接触各类人员，深入了解情况，还要时刻注意不能因暴露身份而节外生枝。研究者在接近和进入某个研究现场时，要先评估和了解研究者自己和现场的关系及性质。进入场所时，有三个基本原则：一要坚持，持续地寻求进入现场；二要有弹性，如果最初的想法行不通，可尝试不同的计划或新的方式；三要有创意，如送研究对象小礼物等。

第三，与当地人建立良好关系。当研究者获准进入调查现场后，他只是完成进入现场的表面程序，在实地调查中，与调查对象建立良好关系是顺利开展研究的必要条件。应注意以下几点：一是要做到入乡随俗。研究者进入一个陌生环境，会有很多不适应，这需要竭力克服，应充分尊重当地的风俗习惯和道德规范，并充分融入当地生活。二是要做到坦诚待人，要以谦虚、平等的态度进行交谈。在实地调查中，如不是隐藏身份进行研究，在与研究对象交流过程中一定要直接进行自我介绍，必须以谦逊、平等的态度对待研究对象。三是尽可能在调查现场内的冲突中保持中立。在任何情况下都不要介入调查对象之间的纠纷，遇到这类问题应尽量做好团结工作，起码保持中立。

第四，收集资料。研究者在收集资料时，要遵循一定原则。要注意从不同维度收集各种不同信息，对不同途径收集到的信息可进行验证，从而确保信息的真实性。此外，要特别重视资料的记录。最好的记录方法是同步记录，这样可避免事后记忆错误；如果无法同步记录，就应在观察后及时追记。为了保证记录结果的客观、准确，可在实地调查过程中使用录像、录音等方式，以备日后查证或补充文字记录的不足。无论是做现场观察记录还是访谈记录，都应不引人注目地记录。记录的原则是能记则记，尽可能把所有知道的细节记下来。在实地调查中，无论是访谈记录还是观察记录，都应注意同时记录下研究者本人的思想、感情、评价、认识、猜想、理解等主观内容，这种对事实的思考是即时感官刺激的直接反应，对后期分析资料非常重要。

第五，资料的整理与分析。研究者对资料进行整理与分析，主要包括审查、分类和建档等。资料整理的第一步工作就是对资料进行审查。原始资料在记录过程中，可能出现虚假、遗漏、自相矛盾等问题，资料审查就是为消除这些问题。在进行实地调查过程中，资料的收集和审查必须同时持续进行，直到研究方案将近完成。因此，收集资料不是机械地记录资料，而是同时分析和解释资料，看这些资料是否相互矛盾，是否需要进一步收集更多资料。当资料的主题已很明显，研究者才能结束资料收集工作，专注于资料的综合分析和解释。在资料审查完毕后，则要对资料进行分类和建档。研究者要将实地调查的记录全部如实输入计算机，以备后期查看。之后，再将其复制出的多个备份用来修改、编排、处理等，进而进行整理分类和建档。资料整理完毕后，便进入实地调查资料的分析阶段。对资料进行分析的过程实际是一个对资料分类、描述、综合、归纳的过程。其基本逻辑是归纳法，即从具体的、个别的、经验的事例中逐步概括、抽象出概念和理论，其主要工作任务可概括为对信息的组织、归类和提取。

第六，撰写研究报告。完成资料的整理和分析后，就进入实地调查的最后一个环节，即撰写研究报告。撰写研究报告时，应该特别注意详尽介绍研究的方法、策略和整个研究过程，让读者能够根据研究者所使用的方法以及实际的调查资料收集过程来判断其研究结论的可信度和推广度。

### （三）实地调查的注意事项

实地调查的注意事项有以下四个方面。

第一，尽可能减少研究者对研究对象的影响。在实地调查中，当研究者作为一个参与者进入现场研究时，他的成员身份可能会影响到所调查的社会过程。研究者要了解处于自然状态下的社会现象，就必须善于控制自己的调查活动，尽量减少对研究对象的影响，以免影响研究结果。

第二，资料的收集与审查应同步进行。在进行实地调查过程中，资料的收集和审查必须同时持续进行，直到研究方案将近完成。一方面，这是为了降低资料审查工作的难度；另一方面，是为了在发现问题后能及时重新调查。通常对资料进行审查，主要是审查资料的信度和效度。信度审查就是看资料是否真实可靠，效度审查就是审查资料是否准确有效。

第三，注意实地调查中的伦理道德问题。实地调查法中的观察法需要研究者介入研究对象的生活与环境，与研究对象发生直接接触，因此特别容易产生一些伦理道德问题。在实地调查中，为了获得真实有效的第一手资料，研究者有时会隐藏自己的身份，掩盖一些真实的研究目的，这就涉及告知与否这个伦理问题。实地调查为规避伦理道德问题应遵循三点原则：一是研究者一定要遵守宪法和其他法律规定；二是研究者要遵从一般的道德规范；三是研究报告或记录应注意匿名和保密。

第四，充分利用科学辅助工具进行资料收集。在实地调查中，研究者应根据具体情况，尽可能地使用录像、录音等辅助工具，充分发挥这些工具的放大、延伸、计量、记录等功能，以弥补文字记录的不足。

### （四）实地调查的优缺点

与问卷调查、文献调查相比，实地调查有一个明显不同，就是它不仅是一种资料收集过程，同时也是理论形成过程。作为一种具体的研究方式，实地调查的基本特征是，研究者作为真实的社会成员和行动者参与到研究对象的实际生活中，通过尽可能全面、直接的观察和访谈，收集具体、详细的资料，依靠研究者的主观感受和体验来理解所得到的各种印象、感觉及其他资料，并在归纳、概括的基础上建立对这些现象的理论解释。

实地调查法的主要优点有以下四个方面。

第一，深入调查，研究效度较高。问卷调查往往表面化、简单化，而实地调查则可避免这种不足。实地调查法通过长时间的深入观察，设身处地地感受、理解甚至参与调查对象的实际生活，可比较深入地探寻研究对象的特征，从而发现隐藏在现象背后的事物本质，并且具有很高的效度。

第二，调查方式灵活，弹性较大。相对于实验研究和问卷调查，实地调查的操作程序不那样严格，只需较少的准备工作。对于不同的研究背景和研究对象，实地调查的具体操作也可因地制宜，在调查研究过程中可随时修正研究设计。因而研究结论和设想也会不断变更。

第三，能够收集到第一手资料。在自然状况下，调查研究对象的行为受人为因素的影响较少，研究者更能理解研究对象的真实情感、价值观念和思维方式，从而比较准确地分析和解释他们的行为，进而收集到第一手资料。此外，实地调查还特别适用于那些不便于或者难以进行简单的问卷调查的社会现象和问题。

第四，适合研究现象发展变化的过程及其特征。由于实地调查不仅要深入实地，而且要在实地生活一段时间，因此它是研究社会现象发展变化过程的一种较好方式。

实地调查法也存在如下缺点。

第一，概括性差。由于实地调查得到的基本是定性资料，并且在很多情况下以某个个案为对象，很少能针对大型群体进行精确的统计性陈述，加上实地调查所获得的资料多且杂，很难系统地进行编码和分类，无法有效地综合资料以验证同假设有关的结论。因此，实地调查的资料难以进行定量分析。

第二，信度较低。在实地调查中，研究者主要以参与观察和无结构式访谈收集资料，处于被动地位，对观察场景常常缺乏控制，因而其所得的资料比较琐碎、凌乱。同时，由于实地调查强调研究者的主观作用，强调对所观察的对象进行移情理解，因此难以检验其信度。另外，研究者很难对研究对象或现象进行重复观察。

第三，对研究对象产生影响。一般来说，无论是参与观察还是实地访谈，研究者的参与本身对其所研究的对象都会造成影响，可能会带来调查对象的一些反应性问题，如掩饰、改变行为等，这样就难以获得真实资料。

第四，所需时间较长。由于参与生活的需要，实地调查的周期一般比较长，通常少则几个月，长则几年。这种时间要求，不仅对于研究者而言是个困难，有时对于调查对象也是一种困难。

第五，存在伦理问题。这一问题主要针对参与观察中隐藏研究者身份的做法而提出。它所包含的实际问题有两个：一是研究者有没有为了研究目的而欺骗研究对象的权利？二是研究者作为社会的成员，应不应该为了研究而采取欺骗研究对象的做法？[①]

## 二、座谈访谈法

### （一）座谈访谈法的含义与特点

座谈访谈法是指，由一名或数名访谈者召集一些调查对象，就访谈者需要了解的主题征求意见的一种调查方法，也可称为“调查会”或“座谈会”，[②]它是一种无结构式集体访问。这种方法是毛泽东同志倡导、亲自实行，并在中国广为使用的一种方法。[③]毛泽东同志说：“开调查会，是最简单易行又最忠实可靠的方法，我用这个方法得到了很大的益处。”[④]他还说，遇到困难问题，只是叹气不能解决，可以召集那些明了情况的人开调查会，找到困难问题的“来源”，弄清“现状”，就容易解决了。[⑤]习近平同志也经常使用座谈访谈法。例如，1991年10月，

---

① 聂平平、冯小林、汤舒俊主编《社会调查理论与实践》，江西人民出版社2016年版，第172—181页。

② 参见范柏乃、蓝志勇编著《公共管理研究与定量分析方法》，科学出版社2013年版，第65页。

③ 参见袁方主编《社会研究方法教程》，北京大学出版社1997年版，第276页。

④《毛泽东选集》第三卷，人民出版社1991年版，第790页

⑤ 参见《毛泽东选集》第一卷，人民出版社1991年版，第110页。

他组织开展平潭县工作调研，……深入到13个乡镇67个村、36个县直部门和渔区，召开了56场座谈会，与当地干部群众一起分析现状，共商发展大计。①

座谈访谈法有如下特点。

第一，它是访问者与受访者面对面的直接调查。一般来说，座谈访谈法是访问者通过与受访者的直接接触、面对面的交谈来获取社会信息，因而它能够比各种间接调查方法了解到更多、更具体、更生动的社会情况。

第二，它是通过交谈方式进行的口头调查。座谈访谈主要是用发音器官和听觉器官——口、耳来询问和听取有关社会信息的。因而它不仅能通过口头交谈方式反复询问某些社会情况，而且能通过深入交谈来探讨某些社会问题。

第三，它是访问者与受访者之间的双向互动调查。座谈访谈过程不是访问者单方面的活动过程，而是访问者与受访者之间的双向互动过程：一方面，是访问者通过提问等方式作用于受访者的过程；另一方面，是受访者通过回答等方式反作用于访问者的过程。在座谈访谈过程中，访问者不是尽量减少对受访者的影响，而是积极地、有目的地影响受访者，努力掌握座谈访谈过程的主导权，尽可能使受访者按照预定计划回答问题。

第四，它是需要一定访谈技巧的有控制的调查。座谈访谈的对象都是有思想、有情感、有心理活动的人，因此，在这个过程中首先是人与人之间的交往过程。访问者只有在与受访者的人际交往中建立起基本信任和一定感情，并根据对方实际情况采取恰当方式进行，才能使受访者积极提供他所掌握的社会信息。实践证明，要取得座谈访谈的成功，访问者必须掌握一定技巧，善于人际交往，能有效控制座谈访谈过程。

---

① 《“习近平同志是一名非常出色的班长和领路人”(上)》,《学习时报》2020年7月6日。

### （二）座谈访谈的抽样

在座谈访谈中，为了便于交流，所有成员都应该可以面对面地看到对方，也都应该有充分的发言机会。因此，样本不宜过大，一般为6～10人，如果研究的目的只是对有关问题进行初步的探索，希望在短时间内得到较多人的看法，也可适当增加人数。另外，至少需要3人，不然会囿于见闻，不符合真实情况①。

在挑选参与者时应该注意其同质性，他们在社会地位、教育背景、职业、性别、种族、年龄等方面异质性太强，可能会产生戒备心理，不愿意主动发言，这种情况对社会经济地位较低的人来说尤其明显。当然，如果研究的目的是了解不同背景的人聚在一起时如何互动，也可有意把他们放到一起。

除非有特殊要求，访问者和受访者最好都是陌生人，原因是陌生人彼此不熟悉，对研究更有新奇感，能比较积极地投入讨论。陌生人之间也不必像熟人那样讲究交情和面子，可以比较坦率地发表看法。从研究者的角度看，对人们的情况不了解，他们提供的信息往往更加有价值。如果讨论只适合在参与者相互之间是熟人的情况下进行，则只能选择熟人。

不要把熟人和陌生人混合在一起座谈访谈。如果将这两种人混在一起，研究者可能有意无意地对他们表露出亲疏之分，研究者这种区别对待的态度可能使有的参与者产生不平等感。②

### （三）座谈访谈法的注意事项

座谈访谈调查过程大体上可分为接近受访者、提出问题、听取回答、引导和追询、访谈结束、再次访问等环节。一般来说，应当注意

---

① 《毛泽东选集》第一卷，人民出版社1991年版，第117页。

② 参见范柏乃、蓝志勇编著《公共管理研究与定量分析方法》，科学出版社2013年版，第65—66页。

以下六个方面。

第一，做好事前准备。进行座谈访谈工作必须做好事前的准备，比如，具体的操作中可在笔记本上写下7～8个主题标题，不需要像问卷那么具体。再比如，座谈访谈之前学习与调查内容有关的知识等，这样便于和受访者进行更好的交流。

第二，了解座谈访谈对象的背景。因为是访谈者与受访者双方的交流，所以对受访者的性别、年龄、职业、文化程度、经历、特长、兴趣、爱好，特别是当前思想动向等情况，访谈者都应该做尽可能多的了解。

第三，联系和确定时间、地点和场合。座谈访谈的时间、地点和场合的选择，应该以有利于受访者真实回答问题和畅所欲言为原则，有关工作方面的问题，以在工作地点为宜。

第四，建立良好的人际关系。这是取得座谈访谈成功的重要前提，而理解、尊重、平等是建立良好人际关系的必要基础。要建立良好的人际关系还应做到三点：一是表明来意，消除顾虑；二是虚心求教，以礼待人；三是平等交谈，保持中立。

第五，重视座谈访谈过程中的非言语语言交流。座谈访谈的技巧，首先是言语语言交流的技巧。但在人际交往中，不仅言语语言可以传递信息，非言语语言也能传递信息。在座谈访谈过程中，既要重视言语语言交流，也要重视非言语语言交流。在非言语语言交流中，人们的外部形象、行为、面部表情、目光以及周围环境等非言语语言因素，都具有特别重要的意义。非言语语言信息具有多样性、整体性、暗示性、不确定性，以及语境制约含义等特点。因此，同样的非言语语言信息，在不同对象、不同情景下往往具有不同含义。不仅如此，同样的行为、姿态、表情等，在不同情景下也往往具有不同含义。因此，在座谈访谈过程中，决不能仅仅根据某些非言语语言信息就轻率下结论，而必须把非言语语言信息与言语语言信息、外部现象与内在本质联系起来思考。

第六，做好访问记录。记录有两种方式，即当场记录和事后追记。究竟采用哪种方式，应从实际出发，灵活掌握。标准化访问的记录比较好办，按照规定的记录方式，把受访者的回答记录在事先设计好的表格、问卷、卡片上即可。非标准化访问的记录则比较困难，可采取一人专门访谈，一人专门记录的方式；也可以在对方同意的情况下，用录音笔记录。记录有三种方法：一是速记，二是详记，三是简记。不管用哪种方法记录，在记录内容上都要抓住几点：一是记要点，二是记特点，三是记疑点，四是记易忘点，五是记主要感受点。只有这样，才是最有效的记录。在座谈访谈结束后，应尽快整理记录，根据记忆及时发现和解决错记、漏记等问题，也可请受访者复核、更正或补充。

### （四）座谈访谈法的优缺点

座谈访谈法的优点主要有以下六个方面。

第一，能广泛了解各种社会现象。座谈访谈是一种口头调查，既可以了解当时当地正在发生的社会现象，又可以询问过去曾经发生过的社会现象；既可以调查事实、行为方面的问题，又可以询问观念、感情方面的问题。座谈访谈参加的人员多、提供信息广，可以互相启发、补充、核对、修正，因而可以了解更广泛、更真实的情况。

第二，能深入探讨各类社会问题。座谈访谈过程是访问者和受访者之间反复互动的过程，有利于了解比较复杂的社会现象，有利于深入探讨社会现象之间的因果联系和内在本质。座谈访谈还有利于集思广益，把调查与研究、认识问题与解决问题结合起来。在调查的深入性方面，座谈访谈法不仅优于实地调查法，而且优于问卷调查法。

第三，能灵活处理座谈访谈过程中的各种问题。座谈访谈是面对面的直接调查，访问者可以根据受访者和访谈过程中的具体情况，采取灵活多样的方法，有针对性地做工作，排除各种干扰，有效控制过程，保证座谈访谈正常进行。相比之下，实地调查法和问卷调查法就没有这样的灵活性。

第四，有利于提高调研的成功率和质量。座谈访谈是面对面的口头调查，访问者不仅可以及时回答受访者提出的问题，对受访者进行必要的引导和解释，促使受访者更放心、更顺利、更完整、更准确地回答问题，而且可以与实地调查法相结合，获得许多非言语语言信息，从而提高调查的成功率和质量。

第五，适用于各种调查对象。座谈访谈是口头调查，简便易行，适用于一切有正常思维能力和口头表达能力的访问对象，包括文化程度较低的调查对象和盲人。

第六，有利于与受访者交朋友。座谈访谈过程，不仅是社会信息的交流过程，而且是思想感情的交流过程。通过座谈访谈，不仅可以了解到很多社会情况，而且可以与受访者交朋友，为此后调查打下基础。

座谈访谈法也存在如下缺点：

第一，有一定主观性。座谈访谈的结果和质量，很大程度上取决于访问者的素质和驾驭会议的能力，取决于受访者的合作态度和回答能力。因此，对其结果作判断时，一定要充分考虑访问者和受访者的主观状况这一重要因素。

第二，不能匿名。有些问题不宜当面访谈。座谈访谈都是面对面的直接调查，受访者不能匿名回答问题。因此，一些敏感性、尖锐性、保密性和隐私性的问题，会对座谈访谈及其结果产生不利影响。

第三，无法排除社会心理因素的影响。座谈访谈无法完全排除受访者社会心理因素的影响。那些职位较高、权力较大、能说会道的人往往垄断发言权，他们的意见也往往左右会议的倾向；相反，其他人则很难充分发表意见，甚至可能讲些违心话。因此，座谈访谈的结果有时很难全面反映真实情况。

第四，有许多调查资料需要进一步查证、核实。座谈访谈所获得的都是口头信息，它们的真实性和准确性都有待验证。因此，对于所得的结果，特别是那些重要的事实和数据，一般都需要做必要的检验、查证或核实，而不宜全面接受和肯定，更不应轻易采纳和使用。

第五，费人力、费时间、费财力。座谈访谈一般都需要较多的、受过专门训练的访问人员，访问时要动员受访者及其所在单位给予充分合作，而且需要较长时间，因而成本往往较高。[①]

## 三、问卷调查法

问卷调查是现代社会研究中最常用的资料收集方法，被称为“社会调查的支柱”。

### （一）问卷调查的概念与类型

问卷调查是一种以问卷为工具进行资料收集的调查方法。问卷是研究者为调查而设计的一些问题或题目，是一种书面调查工具。问卷法常用于了解具体事实或个人意向、态度等方面的内容。

按照问卷填答者的不同，问卷调查可分为自填式问卷调查和代填式问卷调查。一般进行的问卷调查通常采用自填问卷方式。自填问卷指的是调查者将调查问卷发放给（或邮寄给）被调查者，由被调查者自己阅读和填写，然后再由调查者收回的方法。常见的自填问卷法有个别发送法、集中填答法、邮寄填答法和报刊问卷法等。按照与受调查者交谈方式的不同，可分为访问问卷调查和电话问卷调查。

### （二）调查问卷的结构

调查问卷的结构一般包括如下内容：

第一，封面信。它用于向被调查者介绍调查者的身份、调查目的

① 聂平平、冯小林、汤舒俊主编《社会调查理论与实践》，江西人民出版社2016年版，第139—153页。

等。封面信包括四个方面的内容：一是调查的主办单位或个人的身份。封面信一定要注明具体的单位，如果能附上单位的地址、电话号码、联系人姓名等信息就更好，更能体现调查者的诚意，消除被调查者的疑虑。二是调查的内容和范围。要用概括性的语言说明调查的实际内容，但不用过分详细，通常用一句话概括就行。例如，这次调查主要想了解您对学校伙食状况的满意度。三是调查的目的。要尽可能作出恰当的解释。例如，这次调查的目的，是要通过了解广大青年职工日常生活、工作、学习和娱乐等方面的情况，为党和政府制定与青年职工有关的政策提供科学依据。四是调查对象的选取方法和对调查结果保密的措施。这有利于消除被调查者的顾虑。例如，我们在全国10个城市的郊区县开展调查，您是我们抽样确定的样本之一，您的参与对我们了解相关信息十分重要。

第二，指导语。指导语用于告诉被调查者如何正确填答问卷。例如，请在每一个您认为适合您的答案前画圈；如无特殊说明，每一问题您只能选择一个答案；填答问卷时，请不要与他人商量；请您独立完成问卷的填写；可选多个答案；请按重要程度排列顺序。

第三，问题和答案。这是问卷的主体部分。从形式上分为开放式问卷和封闭式问卷，从内容上分为有关事实、有关态度、有关个人背景资料三大类。开放式问题，就是不为回答者提供具体答案，而由回答者自由回答的问题。例如，您喜欢哪一类书籍？在提出问题的同时，给出若干个可能的答案供回答者从中选择一个作为答案，这就是封闭式问题。例如，您现在学习的主要动力是什么？a.为为国家作贡献作准备；b.为考取研究生；c.为出国留学；d.为找一个好工作；e.为家庭争光；f.为得到奖学金；g.其他。一般而言，开放式问卷用于探索性调查，而封闭式问卷用于正式调查，二者可结合使用。

第四，编码。就是把问卷中询问的问题和受调查者回答的选项，转变为英文字母和数字，以便录入电脑并对有关数据进行处理。

此外，问卷还包括一些相关信息，如问卷名称，问卷发放及回收日期，调查员、审核员姓名，被调查者地址等。

### （三）调查问卷设计的原则

调查问卷设计的原则主要有以下两个方面。

第一，把为调查者着想作为问卷设计的出发点。问卷调查的过程就是调查者通过问卷向被调查者了解情况的过程。为了实现调查目的，必须一切为被调查者着想。而在实际调查中，有些研究者不太重视这一原则，只从自己的需要出发，常犯不为被调查者考虑的错误。其主要表现有两个：一是问卷很长，问题太多。例如，一份问卷有40页，130多个问题，答案有3000多个，回答者需填答500多项。问卷不宜太长，以二三十分钟为限。二是问卷中要求被调查者进行难度较大的回忆和计算。例如，您的孩子2～3岁时，平均每月抚育费大约多少钱？

第二，对阻碍问卷调查的因素要有明确认识。阻碍问卷调查的因素包括主观障碍、客观障碍。主观障碍主要有4个：一是畏难情绪。如果问卷内容太多、花费时间太长，被调查者往往会放弃问卷或匆匆应付。二是顾虑重重。如果问卷中涉及收入或存款问题，或者对一些国家政策的态度表现较为负面等，都会导致被调查者有顾虑。三是漫不经心。其主要表现是被调查者对问卷不重视、缺乏积极合作的责任感、怎么高兴就怎样填、搞恶作剧等。四是毫无兴趣。这常常是因为问卷内容脱离实际，所用语言与被调查者的社会文化背景极不协调，问卷设计呆板等。客观障碍主要有5个：一是阅读能力的限制。一个被调查者起码要能看懂问卷才能作答。如果问卷设计中存在语言不规范、不通俗，设计不合理，问题太抽象，格式太复杂，调查对象很难看懂等问题，也就谈不上同调查者合作。二是理解能力的限制。被调查者除了受文化水平的影响，还会受到社会生活和个人成长经历等方面的影响。对于从来没有接触过或没有经历过的问题，被调查者是很难作出回答的。三是表达能力的限制。如果访问员不能准确、通俗地表达出问题的含义或表达有偏差，那么得到的答案往往不准确。四是记忆能力的限制。有些问卷设计了对过去事情的回忆。实际上，并不是每个被调查者都愿意回忆过去，而且回忆有一定难度。五是计算能力的限制。除被调查者会不会计算的问题之外，还有一个被调查者愿不愿进行计算的问题。许多问题对问卷设计者来说不难，但对于被调查者来说却是较难的事情。

### （四）调查问卷设计的步骤

调查问卷设计的过程可分为以下四个步骤。

第一，探索性工作。设计调查问卷，第一步工作并不是马上设计问题，而是要先做一些探索性工作，即先摸摸底，熟悉和了解一些基本情况。常见的方式是，设计者围绕所要调查的问题，自然地、随便地与各种对象交谈，并留心观察他们的特征、行为和态度。通过交谈，发现设计者难以察觉、未曾料到的漏洞，避免在设计问卷时出现含糊问题。这对提供封闭式问题的答案非常有利，避免不符合客观实际的回答。例如，调查大学生的择业意愿，这就需要与一些大学生交谈，先了解一些感性材料。

第二，设计问卷初稿。具体做法有两种：一是卡片法；二是框图法。卡片法的步骤有六个：一是根据探索性工作所得到的印象和认识，将每一个问题列在一张卡片上。二是根据卡片上问题的主要内容，将卡片分成若干堆，即把询问相同事物的问题卡片放在一起。三是在每一堆中，按合适的询问顺序将卡片排序。四是根据问卷整体的逻辑结构排出各堆的前后顺序，使卡片联成一个整体。五是基于填答是否方便、是否会形成心理压力等角度，反复检查问题前后顺序及连贯性，对不当之处逐一调整和补充。六是把调整好的问题卡片依次写在纸上，形成问卷初稿。框图法的步骤有四个：一是根据研究假设和所需资料的内容，在纸上画出整个问卷的各个部分及前后顺序的框图。二是写出每一个部分中的问题及答案，并排好顺序。三是根据回答者阅读和填写问卷是否方便等，对所有问题进行检查、调整和补充。四是将调整后的结果打印成问卷初稿。卡片法和框图法的差别在于前者是从具体问题开始，然后到部分，最后到整体；而后者则相反。采用卡片法设计问卷很容易着手进行，但每一个问题散见在一张张卡片上，往往难以从整体上安排、调整和修改。为扬长避短，可将两种方式结合进行。

第三，试用和修改。问卷初稿设计好后，不能立即正式调查，还必须对问卷初稿进行试用和修改，具体方法有两种：客观检验法、主观评价法。客观检验法就是将问卷初稿打印若干份，然后采取非随机抽样的方法选取一个小样本，用这些问卷初稿在小样本中进行试调查，最后认真检查和分析试调查的结果，从中发现问题并进行修改。主观评价法就是将设计好的问卷初稿复印若干份，分别送给该研究领域的专家及典型的被调查者，请他们直接阅读和分析问卷初稿，指出不妥之处。

第四，修改定稿并印刷。找出问卷初稿中存在的问题后，再逐一进行认真分析和修改，最后才能定稿。在对修改后的问卷进行印刷的过程中，同样要十分仔细。无论是版面安排上的不妥，还是文字或符号上的印刷错误，都将直接影响最终的调查结果。只有经过试用和修改，并对校样反复检查后，才能把问卷送去印刷，并用于正式调查。

### （五）调查问卷的问题与答案的设计

开放式问题由于不需要列出答案，所以形式很简单，只需设计时在问题下面留出适当空白即可。问卷设计的关键在于封闭式问题。常见的封闭式问题的形式有以下几种。

一是填空式，它常用于那些对回答者来说既容易回答，又方便填写的问题。例如，您的年龄：______岁。

二是是否式，它的答案只有肯定与否定两种。例如，您大学毕业后是否愿意留在城市工作？1.是；2.否。

三是多项选择式，即给出的答案在两个以上，由回答者从中选择。例如，您的政治面貌（请在适当的答案上画圈）a.群众；b.共青团员；c.党员；d.民主党派；e.无党派人士。

四是当询问若干个具有相同答案形式的问题时，可以设计为如下的表格形式。

| | 很严重 | 比较严重 | 一般 | 比较轻微 | 很轻微 | 不知道 |
|---|---|---|---|---|---|---|
| 迟到 | □ | □ | □ | □ | □ | □ |
| 早退 | □ | □ | □ | □ | □ | □ |
| 旷课 | □ | □ | □ | □ | □ | □ |

关于调查问卷的答案，这是封闭式问卷中非常重要的内容。设计答案应注意3点：一是保证答案的穷尽性和互斥性。穷尽性就是答案包括所有可能的情况。互斥性就是答案相互之间不能交叉重叠或相互包含。二是根据研究的需要来确定变量的测量层次。以测量人们的月工资收入为例，定比变量：“您每月的工资收入是多少元：______。”定序变量：“您每月工资收入处于哪个范围？a.1000元以下；b.1000～5000元；c.5001～10000元；d.10000元以上。”定类变量：“您每月工资收入属于下列哪一类？a.10000元以下；b.10000元及以上。”三是注意“其他”的使用。在问题的答案中，列出全部答案是很难的，也没有必要，只要列出关键的答案即可，所以选项中就可以加上“其他”。

关于调查问卷中问题的语言和提问方式，要注意8个规则：一是尽量简单通俗，不用专业术语。例如，不用诸如空巢家庭、社会角色、社会分层之类的概念。调查农村妇女时，假如问：“请问您每天什么时候就寝？”对方很可能听不懂。二是问题要尽量简短，短问题产生含糊不清的可能性小，要使被调查者尽快看完看懂。三是避免双重含义问题。四是问题不要带有倾向性，应该保持中立的态度。例如，您不抽烟，是吗？五是不要用否定形式提问。例如，您是否不赞成物价不进行改革？六是不问被调查者不知道的问题。例如，您对我国的社会保障制度是否满意？这里的“社会保障制度”，一些文化水平低的调查对象就不太明白。七是不直接问敏感性问题，要用间接、委婉的方式问。例如，直接问别人的收入等比较敏感的问题。八是问题的参考框架要明确。例如，您是一个什么样的学生？这样的问题范围太宽泛，应当有一个明确的参考框架才利于被调查者作答。

关于调查问卷中问题的数量，需要掌握两个原则：一是时间原则；二是报酬原则。时间原则就是入户做问卷一般时间为20分钟左右，最长不要超过30分钟；在街头做问卷一般最长为10分钟；电话问卷一般最长为5分钟。一份问卷到底多少问题合适，没有统一答案，要根据研究者的主题而定。报酬原则就是需要准备好礼品或现金发放给被调查者。

关于调查问卷中问题的顺序，应注意以下几点：一是被调查者熟悉的、简单易懂的问题放在前面，比较生疏、难回答的问题放在后面。二是能引起兴趣的问题放前面，容易引起被调查者紧张和顾虑的问题放在后面。三是开放式问题放在问卷末尾。四是先问行为，再问态度，最后问个人背景，个人背景也可放在前面，但是尽量不要有敏感问题。五是按一定的逻辑顺序排列问题。同一内容的问题集中排列，简单的在前，复杂的在后；熟悉的在前，生疏的在后；有趣的在前，敏感的在后；事实的在前，态度的在后。至于个人资料，可放在最前面，也可放在后面。如果回收的问卷，其他都做了，背景资料没填，这样的问卷等于没做，因为不知道是谁这么做，是谁这么想。

### （六）调查问卷的编码

所谓编码，就是对问卷中每一个问题、每一个答案、每一项记录，编定一个唯一的代码，并以此为依据对问卷进行数据处理。问卷编码的对象主要是问题和答案。对问题的编码，要求对每一个询问问题都要编定一个代码，一般都在设计问卷时编定。对答案的编码包括前编码和后编码。前编码是指调查之前就已编定的代码。封闭式问题的每一个答案，在设计问卷时就设计了代码，因而都是前编码。后编码是指调查之后再编定的代码。开放式问题的答案，只有调查结束后才知道，只能根据答案的具体情况再编定代码，因而都属于后编码。

为了便于计算机录入和处理，一般编码都由A，B，C，D等英文字母和1，2，3，4等阿拉伯数字组成。编码的主要任务包括：一是确定代码，即对每一份问卷、每一个问题、每一个答案，以及问卷中的每一项内容，确定一个唯一的代码。例如，A1，A2，A3，A4，Q1，Q2，Q3，Q4等。二是编定位数，即根据被调查者人数、问题、答案等内容所包含的数量，编定代码的位数。例如，被调查者人数在100人以下的，代码就编定为2位数；被调查者人数在1000人以下的，代码就编定为3位数。同样，根据问题、答案等内容所包含的数量，也要分别编定它们的位数。三是设计填写方式，即设计每一个代码的填写方式。常用的有□□□，______、______、______，(　)(　)(　) 等方式。例如，问题及选项的编码可设计为："Q1您的性别：01男（　）；02女（　）"。"Q2您的文化程度：q1文盲或半文盲□；q2小学□；q3初中□；q4高中或中专、技校□；q5大专□；q6大学本科□；q7硕士□；q8博士□。"

### （七）问卷调查的实施

问卷调查实施的过程可分为四个方面。

第一，调查员的挑选。一般来说，选择调查员应满足以下条件：诚实与认真、感兴趣与有能力、勤奋与负责、谦虚与耐心。此外，还要考虑研究主题、社区性质、调查对象的特点。比如，政治、经济问题适宜男性，婚姻家庭问题适宜女性；调查员与被调查者年龄相近比较合适。从社区来看，挑选调查员时最好是当地的、同民族的、同宗教的，熟悉当地风俗习惯、文化传统、语言特点的人。从性别来看，一般而言，女性比男性更合适。从年龄上看，年龄大的可能更合适。从职业和文化程度而言，调查员的文化程度越高越好，这样调查员比较清楚调研的问题。

第二，培训调查员的方法。调查员确定后，接下来就是对调查员进行培训。一是向他们介绍调研的计划、目的、内容、方法，和他们谈好调研步骤、要求、时间安排、工作量以及相应报酬等。二是传授一些基本的、关键的调查访问技术，比如，如何敲门、做自我介绍、记录、做问卷等。三是进行模拟调查或访问实习，比如，两个调查员互相访问一遍，因为这可以使调查员熟悉一遍问卷。四是要建立起相互联系、监督和管理的办法及规定，比如强调安全，有的调查问卷完成后还要进行回访、核查等工作。

第三，联系被调查者。可通过以下几种方法：一是通过正式机构，比如，获得相关政府部门的支持和配合，采用自上而下的方法；二是通过当地部门，在调查地获得基层单位的配合；三是通过私人关系，如熟人、朋友、同学、亲戚等关系联系；四是直接与被调查者联系，比如，向被调查者证明自己的身份；态度要自然、平和、礼貌、友善。此外，要注意调查时间的安排，尽量依据被调查者的时间而定。

第四，调查过程的管理与质量监控。主要应做到以下几点：一是合理组建调查队伍；二是建立监督和管理办法及规定，包括调查指导和监督、资料复核与检查、调查小结与交流等方面；三是实地抽样过程中进行管理和监控；四是实地访问过程中进行管理和监控；五是问卷回收和实地审核的管理与控制，如果发现问题应及时进行补救。

### （八）问卷调查的优劣

问卷调查的优点主要包括四个主面。一是标准统一。即同一份问卷有统一的提问方式、回答形式与内容，以同一种方式发放和填写，具有固定的衡量标准。二是资料真实。问卷调查是用来测量人们的态度、看法、行为和社会特征的，一般是匿名。除了电话问卷和当面访问问卷，其他的问卷调查形式都是让被调查者独自填答问卷。这就避免了一些社会禁忌、个人隐私或其他敏感问题，也避免了调查员对被调查者造成的各方面影响，便于他们客观地填答问卷。三是广泛、经济。问卷调查可以采取当面发放、邮寄、电话等多种形式进行，受时空限制少，花费较少；问卷调查可以在短期内进行大范围调查，以此来获得足够大的样本。四是便于处理。在定量研究中，研究者一般多使用结构性问卷，将研究的概念、变量进行操作化处理，对问卷的各种答案进行编码，最后将收集到的原始资料转换成数字，用计算机进行处理，作出定量分析。对于半结构问卷中的一些不能做量化处理的问题和答案，则可以做定性分析。

问卷调查的缺点主要有四个方面。一是易受人为因素的影响。在进行问卷调查的过程中，会有不同的问卷发放和回收形式，涉及不同的调查者，需要面对不同的调查个体，这些都使问卷调查易受人为因素的影响。比如，填答问卷的人首先必须能够看懂问卷，能够明白问题的含义及其回答要求，这就对他们的文化水平有一定要求。并且被调查者对于调查的认识、态度、合作程度等，都会影响问卷调查的过程和结果。二是容易、肤浅，不够灵活。通过问卷调查收集资料，往往容易流于表面，不能够深入了解事件的深层次原因及被调查者内心的真实情况。并且由于问卷是依据已有的研究设计而编制的，因而问卷调查往往不能很好地处理生活情景的变化，不能根据实际情况及时调整。三是难以保证回收率。较高的回收率是保证调查资料具有代表性的必要条件之一。回收率不仅取决于被调查者对调查的兴趣、态度、责任心等，还取决于他们的时间、精力和能力，这些因素常使回收率难以得到保证。四是难以保证填答质量。在无人监控的条件下，被调查者的态度可能出现不端，如较为随意、参考他人意见或请他人代答，还有可能对问题不够明白，以至于错答、误答和不答，这些都会降低填答质量。[①]

---

① 聂平平、冯小林、汤舒俊主编《社会调查理论与实践》，江西人民出版社2016年版，第122—139页。

# 四、抽样调查法

## （一）抽样调查法的含义与特点

毛泽东同志曾指出："调查研究工作，并不那么困难，时间并不要那么多，调查的单位也不要那么多。比如，在农村搞一两个生产队、一两个公社，在城市搞一两个工厂、一两个商店、一两个学校，加在一起也只有十个左右。"[①]毛泽东同志在此提到的调查研究方法即抽样调查法。

抽样调查法是指从全体调查对象中，按照一定方法抽取一部分对象作为代表进行调查分析，以此推断全体调查对象状况的一种调查方法。

抽样调查法有以下四个特点。

第一，按随机原则抽取调查单位。这是抽样调查最主要的特点。所谓随机原则，是指在抽取调查对象进行调查时，完全排除人们主观选择，全体调查对象中的每一个对象被抽中的机会是均等的。只有严格遵守抽样的随机原则，才能使样本具有充分的代表性。

第二，它以足够数量的调查单位组成的"样本"来代表和说明总体情况。这一特点使它既区别于普查，也区别于典型调查。抽样调查既不需要对全体调查对象展开调查，也不需要用个别单位来代表总体，它是通过对数目有限、能够代表总体的样本进行调查后，再对总体状况作出推断。抽样调查所依据的是概率论原理，即在总体中被抽作样本的个别单位虽然各有差异，但当抽取的样本数足够多时，个别单位之间的差别就趋于抵销，样本的平均数就会接近于总体平均数。

第三，以样本推断总体的误差可以事先计算并加以控制。抽样误

---

① 《毛泽东文集》第八卷，人民出版社1999年版，第234页。

差是指用样本统计值推算总体参数时存在的偏差。任何调查研究都不可避免地会出现误差，抽样调查也是如此，但抽样调查可以通过调整样本数和组织形式来控制误差大小，因而在推及总体时，也就知道总体数量是在什么样的精确度范围内，从而使调查研究的准确程度比较有把握。这是其他调查做不到的。

第四，节省人力、物力和时间。通常，抽样调查的单位在总体中所占的比重最大不超过1/3，而在一些大的总体中，有时只有百分之几甚至千分之几。调查单位少，使调查收集和综合样本资料工作量小，提供资料快，结论具有时效性。[①]

### （二）抽样调查法的类型

按抽样调查的理论依据和特点，可将抽样调查的基本方法分为随机抽样和非随机抽样两大类。

1.随机抽样

随机抽样又叫概率抽样，它是一种按照概率原理来抽取样本、总体中的每一个单位都具有同等被抽中概率的抽样方法。随机抽样主要包括以下五种。

第一，简单随机抽样，也称纯随机抽样，就是按照随机原则从总体各单位中直接抽取样本。在实际操作中，常用的简单随机抽样方法有三个：一是直接抽样法，就是从总体各单位中随机直接抽取样本的方法。二是抽签法或抓阄法，就是先编制一个抽样框，把总体各单位编上号码，并将号码写在纸片上，做成签或阄，然后放入一个盒子内，最后随机从盒子内抽取签或阄，被抽中的签或阄上的号码所代表的单位就是样本，直到抽满规定的样本数为止。三是随机数表法，就是在一种由0到9的自然数组成的特殊数字表格中随机抽取样本的方法。其具体做法是：第一步，编制抽样框，给每一个抽样单位确定一个顺序

① 参见吴增基、吴鹏森、苏振芳主编《现代社会调查方法》，上海人民出版社2009年版，第92—94页。

号码；第二步，根据样本数量选用合适的随机数表，样本数量如果在10000以下，可用4位数随机数表，如果在1000以下，则用3位数随机数表；第三步，用随机方法抽取第一个样本号码；第四步，按照随机确定的规则，逐个抽取与样本单位顺序号码相符合的号码作为样本，直到抽满规定的样本数为止。简单随机抽样是随机抽样方法中最简单、最基本的方法。它的优点是：在抽样过程中完全排除了主观因素的干扰，简单易行，只要有总体各单位名单就可以。它的缺点是：只适用于总体单位数量不多的调查对象，如果总体单位数量很大，编制抽样框的工作就十分复杂，甚至无法编制；样本代表性较差，抽样误差较大；抽取的样本可能比较分散或过分集中，这会给实际调查工作带来许多困难。

第二，等距随机抽样，也称机械随机抽样或系统随机抽样，就是先编制抽样框，将各抽样单位按一定标志排列编号；然后用总体单位数除以样本单位数求得抽样间隔，并在第一抽样间隔内随机抽取一个号码作为第一个样本；最后按抽样间隔等距抽样，直到抽取最后一个样本为止。例如，采用等距随机抽样方法从某乡3000户农民中抽取150户作为样本，调查农民收入情况。首先，将3000户农民按行政村或自然村位置排列编号1～3000；其次，用总体单位除以样本单位数求出抽样间隔，即3000/150=20，并在第一抽样间隔1～20号内随机抽取一个号码作为第一个样本，假定是8；最后，按抽样间隔等距离抽取样本，即28、48、68……直到抽取第150个样本为止。等距随机抽样的优点是样本在总体中分布比较均匀，具有较高代表性，抽样误差小于简单随机抽样，而且简便易行，只要抽取了第一个样本，所有样本就都确定了。等距随机抽样的缺点是调查总体单位不能太多，而且要有完整的登记册，否则就很难进行。另外，使用这种方法要注意避免抽样间隔与调查对象的周期性节奏相重合。

第三，类型随机抽样，也称分层随机抽样，就是先将总体各单位按一定标准分成若干类型（或层次）；然后根据各类型（或层次）所包含的抽样单位数与总体单位数的比例，确定从各类型中抽取样本单位的数量；最后按照简单随机抽样或等距随机抽样方法，从各类型（或层次）中抽取样本。做好类型随机抽样的关键是分类标准要科学、符合实际情况，许多复杂事物还应该按照多种标准作多种分类或综合分类。无论怎样分类，分类的结果都要努力做到同类型的单位之间同质性最大，不同类型的单位之间异质性最大。同时，还必须是每个单位都归属于某一类，不允许互相交叉或有所遗漏；必须是各类型单位数量之和等于总体单位数，而不允许大于或小于总体单位数。类型随机抽样的优点是适用于总体单位数量较多、单位之间差异较大的调查对象，而且抽样误差较小或所需样本数量较少。因为类型随机抽样通过分类把同质性较大的单位集合为一个类型，把异质性较大的单位区分为不同类型，因而提高了样本的代表性，减少了抽样误差。这样，与简单随机抽样和等距随机抽样相比较，在样本数量相同时，它的抽样误差较小；在抽样误差要求相同时，它所需的样本数量较少。类型随机抽样的缺点是必须对总体各单位的情况有较多了解，否则就无法科学分类，而这一点在实际调查前往往难以做到。

第四，整群随机抽样，也称聚类随机抽样或集体随机抽样，就是先将总体各单位按标准分成许多群体，并将每个群体看作一个抽样单位；然后按照随机原则从这些群体中抽出若干群体作为样本；最后对样本群体中的每一个单位逐个进行调查。例如，某中学有1200名学生，分为6个年级共24个班。如果采取整群随机抽样方法调查该校学生健康状况，首先，把24个班分成24个群体，并把每一个班看作一个抽样单位；其次，按简单随机抽样（或等距随机抽样、类型随机抽样）方法从24个班中抽取6个班作为样本；最后，对这6个班的全部学生逐个进行体检。整群随机抽样的优点是样本单位比较集中，调查工作比较方便，可节省人力、财力、物力和时间；缺点是样本分布不均匀、代表性差，与其他几种抽样方法相比，在样本数量相同的情况下抽样误差较大。

第五，多段随机抽样，就是把从总体中抽取样本的过程分成两个及以上阶段进行的抽样方法。其具体步骤有三个：首先，将总体各单位按一定标准分成若干群体，作为抽样的第1级单位，然后将第1级单位又分成若干小群体，作为抽样的第2级单位。依此类推，还可分为第3级、第4级单位。其次，依照随机原则，先在第1级单位中抽出若干群体作为第1级样本，然后再在第1级样本中抽出第2级样本，依此类推，还可抽出第3级样本、第4级样本。调查对象至第2级样本的，称为2段随机抽样；至第3级、第4级样本的，称为3段或4段随机抽样。最后，对最后抽出的样本单位逐个进行调查。例如，假定某县有20个乡镇，平均每个乡镇有10个行政村，每个行政村有10个自然村，每个自然村有50户。这样，全县共有200个行政村、2000个自然村、10万户。如果采用多段随机抽样方法对该县计划生育状况按户做5‰的抽样调查，共抽取样本500户，其具体做法是：首先，确定抽样单位。根据该县的乡镇、行政村、自然村、户共4个层次，应采取4段随机抽样方法抽取样本，并确定乡镇为第1级单位，行政村为第2级单位，自然村为第3级单位，户为第4级单位。其次，采取不同抽样方法，分4段逐步抽取样本。多段随机抽样方法的优点是有利于把各种抽样方法的优点综合起来，从而达到以最小的成本和最短的时间获得最佳调查效果的目的。它特别适合于调查总体范围大、单位多、情况复杂的调查对象。同时，它对总体情况了解程度的要求低，一般只要对下一层单位的情况有所了解就可抽样。多段抽样的主要缺点是抽样误差较大，它是各阶段抽样误差之和，而且抽样阶段越多，抽样误差就越大。因此，为了控制抽样误差范围，分段抽样的阶段数应尽量减少。

2. 非随机抽样

非随机抽样是根据研究者个人的方便，以人的主观经验、设想来有选择地抽取样本并进行调查的。非随机抽样具体包括以下几种。

第一，偶遇抽样，就是调查者使用对自己最为方便的方式抽选样本。如在商场、剧院、码头等公共场所碰到谁就访问谁。它的优点是方便、节省成本；缺点是代表性差，有很大的偶然性。

第二，判断抽样，就是调查者根据自己的主观判断来抽选样本。它可分为印象判断抽样和经验判断抽样。印象判断抽样，就是纯粹凭调查者的主观印象抽取样本；经验判断抽样，就是调查者根据以往经验和对调查对象的了解来选择样本。判断抽样质量的高低，主要取决于调查者的判断能力和对被调查者的了解程度。实践证明，一个素质优良、经验丰富而又对调查总体非常熟悉的调查者，运用判断抽样方法抽取样本，其代表性往往不亚于采用随机抽样方法抽取的样本。

第三，配额抽样，就是先根据总体各个组成部分所包含的抽样单位的比例分配样本数额，然后由调查者在各个组成部分内，根据配额的多少采用偶然抽样或判断抽样方法抽取样本。配额抽样类似于随机抽样中的类型抽样，其区别在于，配额抽样最后抽取样本时所采用的是非随机抽样方法。与偶遇抽样、判断抽样相比较，配额抽样抽取的样本代表性强一些，但工作量也大一些。

第四，滚雪球抽样，它是指由于对调查总体情况不太了解，无法采用其他方法抽取样本，因而只能先找少量的、甚至个别的调查对象进行访问，然后通过他们再去寻找新的调查对象，这样就像滚雪球一样寻找越来越多的调查对象，直至达到调查目的为止。

非随机抽样抽选样本的质量，主要取决于调查者的主观状况和各种偶然因素，因而其代表性、客观性较差，样本调查资料不能从数量上推断总体，但简便易行，可获得对调查对象的大致了解。因此，在那些不可能或不需要从数量上推断总体的课题中常被采用。

### （三）抽样调查法的步骤

抽样调查法一般按照以下六个步骤操作。

第一，确立调查抽样方案，就是对调查总体、抽样方法、抽样误差、样本规模等有关问题设计出具体目标和操作方案。它是抽样调查的决策阶段，只有从调查课题的客观需要、调查对象和调查者的实际可能出发，设计出科学、合理的抽样方案，才能保证抽样工作的顺利进行。

第二，界定调查总体，就是对调查对象总体的内涵和外延作出明确定义。只有确定了内涵与外延，才能便于抽样的实际操作。

第三，选择抽样方法，即选择抽样的具体方法。一般来说，凡是要从数量上推断总体的抽样调查，都应采取随机抽样。

第四，编制抽样框，就是搜集和编制抽样单位的名单。抽样框是抽样的基础，必须把所有抽样单位全部编制进去，不能有任何遗漏或重叠。如果抽样是分阶段、分层次进行的，每一阶段、每一层次都应编制相应的抽样框。

第五，抽取调查样本，就是按照设计的抽样方法从抽样框中抽取样本。如果抽样框是用计算机建立的，抽样工作非常简单，只要点鼠标即可完成。但是，有些抽样工作必须到现场进行。例如，抽样入户后，一个家庭有多个符合条件的调查对象，应该选择谁来接受调查？有两种方法简便易行：一种可称为“生日决定法”，即选择出生日期与调查日期最接近的家庭成员接受调查；另一种可称为“男女老少法”，即设计问题时把符合条件的男性年龄最大者、女性年龄最大者、男性年龄最小者、女性年龄最小者按各占1/4的比例设计在问卷首页，入户后按问卷首页的规定选择接受调查者。实践证明，这两种方法都比较客观、有效。

第六，评估样本质量，就是对样本与总体的主要特征分布情况进行对比和评估。它的前提是对总体主要特征的分布情况有基本的了解。两者越接近，表明抽样质量越高；反之，抽样质量越低。对样本质量的评估分前评估和后评估。前评估是指抽样之后、调查之前的评估。通过前评估，如果发现样本质量不高，可重新抽样来提高抽样质量。在有些情况下无法前评估，就只有后评估，即在调查之后评估。后评估虽不能改进样本质量，但可使调查者判明样本与总体的关系，因而也有重要意义。

### （四）抽样调查法的优缺点

抽样调查的优点：一是抽取样本客观，代表性强。抽样调查一般按照随机原则抽取样本，这就从根本上排除了调查者主观因素的干扰，保证了样本的代表性和客观性。这是调查结果具有较大真实性和可靠性的基础。二是有利于对总体进行定量研究，推断总体比较准确。抽样调查的数学基础是概率论和大数定律，抽样误差不仅可以准确计算，而且可以适当控制。因此，抽样调查有利于对总体做定量研究，它的调查结论是运用数学方法计算得出的，因而对总体的推断比较准确。三是调查成本低，效率高。抽样调查虽然只对部分样本单位进行调查，获得的却是关于整个总体的结论。因此，与普查相比，它的调查成本低得多，调查效率高得多，调查时效也快得多。四是应用范围十分广泛。现代社会往往具有高度异质性、高速流动性等特点，抽样调查正适合于对高度异质性、高速流动性社会现象的调查。因而，它在现代社会具有越来越广泛的用途。

抽样调查的缺点：一是抽样调查主要用于做定量研究而不太适合做定性研究。二是对于调查总体尚不清楚、不明晰的调查对象，很难进行抽样调查。三是与典型调查、个案调查相比，抽样调查的样本数一般较多，因而调查的广度和深度往往受到很大局限。四是抽样调查需要较多的数学知识和计算机使用能力。这就使得数学知识较少或缺乏使用计算机能力的研究者难以使用该方法。[①]

**延伸阅读：**

1. 毛泽东：《寻乌调查》，载《毛泽东文集》第一卷，人民出版社1993

① 参见水延凯等编著《社会调查教程》，中国人民大学出版社2003年版，第79—90页。

年版。

2. 毛泽东：《关于农村调查》，载《建党以来重要文献选编》第十八册，中央文献出版社2011年版。

3. 毛泽东：《在广州中央工作会议上的讲话》，载《毛泽东文集》第八卷，人民出版社2009年。

# 第六章

# 深化调查资料的分析研究

调查资料的分析研究是根据调查研究目的，运用习近平新时代中国特色社会主义思想的世界观、方法论，在遵循科学研究的一般规律的基础上，按照一定的程序、方法、概念框架对所获得的各类调查资料进行处理，使调查资料体系化、条理化的过程。

调查资料的分析研究是调查研究的关键环节，是一个承前启后的关键步骤。调查研究由“调查”和“研究”两个环节共同构成。调查和研究是同一认识过程的两方面，二者相辅相成，缺一不可。调查就是在科学的世界观和方法论的指导下，深入实际，努力全面把握客观情况。研究就是对调查所获取的客观情况，运用科学的世界观和方法论进行抽象概括、分析综合，从“事”中求“是”，认识事物的本质和规律。

运用各种调查方法收集的资料一般都是粗糙的、表面的、零碎的和缺乏体系的。单纯审视这些资料，难以从资料中发现其所包含的内在规律。只有通过进一步对资料进行分析与研究，从表象中探究事物的本质，才能得出科学结论。进行资料的整理，就要使资料进一步明确化、条理化。调查研究资料的分析是对调查研究工作进行阶段性总结，通过对资料的定性分析，可以发现调查方案真实的执行程度。已经收集到哪些资料，哪些资料收集齐备了，哪些还没有收集，哪些资料的真实性需要进一步检验。通过资料的整理，就能对前段时间的调查研究工作进行阶段性总结。调查研究的资料分析是资料保存与决策参考的要求。调查研究获得的原始资料，不仅是得出调查研究结论的客观依据，而且对今后的政策制定具有重要的参考价值。只有在调查资料分析的基础上，才能更有效保存资料，提高资料的利用率。此外，一份完整的原始资料，可以为今后研究同类社会现象或问题进行纵向比较。

中国共产党历来重视调查研究，在调查资料的分析研究实践中积累了丰富经验，形成了一系列调查研究资料的分析方法。

## 一、系统研究法

系统论是研究现实系统或可能系统的一般性质和规律的理论。系统研究法是现代科学研究的重要方法，是对系统科学的最新思维成果进行哲学提炼的产物，是辩证思维方式在当代的最新发展，是解决复杂社会系统问题的调查资料分析研究的科学方法之一。在现代社会调查研究中，系统研究法具有越来越广泛的作用。

### （一）了解系统研究法的发展

所谓系统，就是由各种构成要素按照一定方式联结在一起的具有特定性质和功能的统一整体。系统科学是把对象作为组织性、复杂性系统从整体上进行研究，以揭示其运动规律和实际处理的科学。20世纪40年代兴起的控制论、信息论、系统论等都是系统科学研究的重要成果。以系统的观点看社会、自然界与人类社会，提出系统与要素、结构与功能等新范畴，揭示了社会、自然界与人类社会的整体性、层次性、动态性和开放性。20世纪70年代前后，相继出现耗散结构论、协同论、突变论、超循环论等非平衡系统自组织理论，分形理论等。“唯物辩证法认为，事物是普遍联系的，事物及事物各要素相互影响、相互制约，整个世界是相互联系的整体，也是相互作用的系统。坚持唯物辩证法，就要从客观事物的内在联系去把握事物，去认识问题、处理问题。”[①]调查研究资料的系统分析法就是把调查研究收集到的各种资料作为一个系统来研究，即把调查研究资料作为由相互作用和相互依赖的若干组成部分（要素）构成的、具有特定结构和功能、并从属于更大系统（环境）的有机整体来对待，着重分析和把握调查研究资料的整体与部分、部分与部分、系统与环境的相互联系、相互作用、相互制约的关系，从中发现问题的发展变化趋势，为政策决策和实施提供科学依据。

### （二）领会系统研究法的内涵

运用系统研究法分析调查研究资料，应该把握以下几个要点。

1.分析系统的构成要素

在系统论看来，要素是构成系统的基础，离开了要素就无所谓系统。因此，无论研究什么系统（包括社会调查所研究的社会系统），都应从分析构成系统的要素开始，它是正确认识系统的基础和起点。

要素是构成系统的单元、成分或因素，是标志简单的相对稳定的本体。要素有以下三个特点。

（1）个别性。每个要素都具有自己独特的内在矛盾、独特的质的规定性和量的规定性。

（2）差别性和多样性。构成系统的各个要素之间都存在着差异，就系统整体而言其构成要素则是多种多样的。

（3）不可分割性。对于系统来说，要素都是作为非复合体出现的，是不可分割的。例如，劳动力、劳动资料、劳动对象、科学技术、生产管理等生产力要素，对生产力系统来说就具有个别性、差异性、不可分割性等特点。由于事物联系的普遍性、多样性和复杂性，要素和系统的划分只具有相对意义。因为任何要素都是由更小的要素构成的，对于更小的要素来说，它本身就是一个系统；任何系统都被包含在更

① 《习近平谈治国理政》第二卷，外文出版社2017年版，第204页。

大的系统之中，对于更大的系统来说，它本身只是一个要素。一种社会现象，对于它的构成要素来说是系统，对于它所构成的更大系统来说则是要素或子系统。例如，生产力对于劳动力、劳动资料、劳动对象、科学技术、生产管理等要素来说，它是系统；而对于生产方式这个更大的系统来说，它只是要素或子系统。

在调查研究中，运用系统分析法分析调查资料，要正确分析社会系统的构成要素，深入研究各个要素的特点，特别是要着重剖析每个要素所独有的质的规定性和量的规定性。同时，应该注意在要素与系统的相对关系中，从总体上把握要素的内涵和外延。

2.研究系统的内在结构

所谓结构，就是构成系统诸要素所固有的相对稳定的组织方式或联结方式。系统和结构是不可分割的，系统不可能没有结构，结构也不可能脱离系统而单独存在。系统之所以成为系统、系统的整体性质和整体功能，不仅取决于它的构成要素，而且取决于联结这些要素的结构。

例如，生产力系统的整体性质和整体功能，不仅取决于劳动力、劳动资料、劳动对象、科学技术、生产管理等构成要素的数量和质量，而且取决于这些要素的组织方式和联结方式。如果组织方式、联结方式科学合理，那么生产力系统的整体性质就优越，整体功能就有可能大于各生产力要素个别功能之和；反之，整体性质就粗劣，整体功能就可能小于各生产力要素个别功能之和。这说明，研究系统内在结构是正确认识系统的不可缺少的环节。

系统的内在结构有以下五个特点。

（1）稳定性。系统诸要素之间的联系方式是相对稳定的，它是系统存在和发展的前提。结构受到损害，系统就会发生震荡；结构发生质变，系统就会崩溃。

（2）有序性。系统的内在结构是按照一定规则或程序联结起来的。有序性是稳定性的内在要求，无序性则是对稳定性的否定或破坏。

（3）层次性。正如系统、要素有层次之分一样，系统结构也有层次之分。每一层次的结构，既由下一层次结构所组成，又是上一层次结构的组成部分。层次性是有序性的具体表现。

（4）关联性。系统的内在结构是相互联系、相互影响的。任何一个部分结构发生变化，都会引起其他结构发生相应变化，并对系统的整体性质和整体功能产生或大或小的影响。

（5）形式性。系统结构是一种组织方式或联结方式，即是一种形式关系。由于同样形式（结构）可以容纳不同内容（要素），同样内容（要素）可以具有不同形式（结构）。因此，应该把对系统构成要素的研究与系统内在结构的研究有机地结合起来。

在社会调查中，运用系统分析法研究社会现象，决不能把系统等同于其构成要素的简单总和，而必须在研究其构成要素的基础上，进一步把握社会系统的内在结构。只有这样，才有利于把握社会系统的整体性质和整体功能，才有利于探求通过调整或改变系统内在结构促进系统整体性质进步和整体功能提高的途径和方法。

例如，许多优秀的企业在改革、改组、改造的过程中，不仅注重调整劳动者、劳动资料、劳动对象、科学技术、生产管理等生产力要素的数量和质量，而且注重适时调整各种生产力要素之间的组织方式和联结方式，从而促进了生产力的迅速发展和提高。实践证明，调整系统内在结构是实现从量变到质变的重要途径之一。

3.探究系统的外部环境

所谓环境，是指系统周围的各种外部条件的总和。任何系统都处于一定环境之中，并与之发生一定的联系。系统与环境之间的联系，是系统保持平衡和稳定、谋求更新和发展的不可缺少的条件。因此，探究系统的外部环境以及系统与环境之间的关系，是正确认识系统的必要条件。系统与环境的关系有两种类型，即开放型和封闭型。现实系统也分为两类，即开放系统和封闭系统。

开放系统是指在物质、能量、信息等方面与外部环境不断进行交换的系统。这类系统，只有与周围环境不断进行物质、能量、信息的交换，才能保持自身的生存、平衡和稳定，才能逐步克服某些不平衡性或无序状态，使系统逐渐从无序走向有序，从低级走向高级，进而谋求自身的更新、改造和发展。例如，生物有机体、个人、家庭、企业、社会组织、国家等，都是这样的开放系统。

封闭系统是指与外界环境基本上不发生往来而能独立生存下去的系统。例如，沙粒、晶体等无机物体，具有相对独立性和超稳定性的小农经济，程控机床、自动化生产线等现代化的自动装置等，则可以看作是封闭系统。

当然，所有这些系统的封闭性都是有条件的、相对的。严格地说，绝对封闭的、不与外部环境发生任何联系的系统，在现实中是不存在的。因此，系统与环境的关系问题，不是有无的问题，而是何种关系的问题，这正是必须探究系统所处外部环境的根本原因。

社会系统所处的外部环境是多种多样、复杂多变的。一定数量和素质的人口，一定的地域范围、区位条件、自然资源和生态环境，一定的生产方式、经济结构和经济状况，一定的经济体制、政治制度和社会组织，一定的文化传统，一定的生活方式、行为规范和社会习俗等，都是社会系统不能脱离的外部环境，都是调查研究要探究的可能对象。在一个具体调查项目中，究竟探究哪些外部环境，则应根据研究课题的需要和调查者的可能作出适当选择。一般地说，只有那些对正确认识研究对象不可缺少的外部条件，才应列入探究范围。

4.揭示系统的整体功能

系统之所以是系统，就因为它是一个整体。整体性原则是系统研究法的实质和核心。因为，系统的整体性质不是各要素性质的简单相加，而是不同于各要素性质之和的一种新的性质；系统的整体功能也不是各要素功能的简单相加，而是不同于各要素功能之和的一种新的功能。因此，在社会调查中，不仅要研究系统的构成要素和内部结构，而且要研究系统的整体性质和整体功能，并把它作为研究系统的归宿点和落脚点。

在系统的构成要素和内在结构基本相同的条件下，系统的整体性质和整体功能主要取决于系统内部的自我协调和自我控制能力。这种能力是通过控制和反馈来实现的。事实上，任何一个系统都存在着两个互相联系、互相作用的子系统，即施控系统和受控系统。系统自我协调和自我控制的过程，就是施控系统与受控系统相互作用的过程。

施控系统根据系统目标的要求、系统内部状况和外部环境的变化，向受控系统输出调整行为的指令或信息；然后受控系统根据输入的指令或信息调整自己的行为，并将调整行为的后果反馈给施控系统；接着施控系统对反馈信息加工处理，与系统目标进行比较研究，并据此修订目标、作出决策；最后施控系统根据新的目标和决策向受控系统输出新的调整行为的指令或信息。这样循环往复，不断调整，逐步接近目标，直至达到系统的最终目标。

一个系统如果自我协调和自我控制能力强，那么，这个系统的整体性质就优越，就具有顽强的生命力和巨大的发展潜力；其整体功能就往往大于各要素功能之和。反之，这个系统的整体性质就粗劣，就正在走向衰败或没落；其整体功能就往往小于各要素功能之和。

例如，企业的决策机构和管理机构就是它的施控系统，执行机构和反馈机构则是它的受控系统。一个企业如果有很强的自我协调、自我控制能力，能真正做到科学决策、有效管理、坚决执行、及时反馈，那么这个企业肯定是一个先进企业，它的整体功能就必然大于它的各个组成部分功能之和。反之，就是一个落后企业，其整体功能就必然小于它的各个组成部分功能之和。

在调查研究中，运用系统研究法分析调查资料，必须在研究系统构成要素和内在结构的基础上，进一步研究它的施控系统和受控系统的状况及整个系统自我协调、自我控制的实际能力。只有这样，才能对系统的整体性质和整体功能作出正确的判断。

唯物主义历史观从社会生产实践出发，把人类社会理解为复杂的大系统。马克思在《政治经济学批判》中作了一个经典表述："人们在自己生活的社会生产中发生一定的、必然性、不以他们的意志为转移的关系，即同他们的物质生产力的一定发展阶段相适合的生产关系。这些生产关系的总和构成社会的经济结构，既有法律的和政治的上层建筑竖立其上并有一定的社会意识形式与之相适应的现实基础。物质生活的生产方式制约着整个社会生活、政治生活和精神生活的过程。不是人们的意识决定人们的存在，相反，是人们的社会存在决定人们的意识。"这一论述为对调查资料的系统分析提供了根本的方法论指导。

## 二、定性分析法

定性分析法就是对调查研究收集的各种以文字形式呈现的文献资料、观察记录、访问记录与问卷的答案等定性资料进行审核、分类、整理、综合、归纳的过程。定性分析法的逻辑是一个归纳逻辑。即从具体的、个别的实例出发，总结概括出一般概念、理论的过程。

### （一）理解定性资料的特征

由于定性资料多数来源于实地调查，而实地调查所获得的调查资料包括各种观察记录、访谈笔记、情感体悟和座谈会记录等。因此，定性资料具有一些特殊的特点。

一是定性资料来源的多样性。定性资料既有观察得到的资料，又有访谈得到的笔记，座谈会参与者的发言记录，随笔式、感想式的情感体悟，甚至还包括一些从当地媒体、出版物上所得到的摘要。可以说，来源的多样性成了定性资料最显著的特征之一。同时，这种多样性的特征也使得定性资料不论是在形式上，还是在构成上都显得比较复杂，存在零碎化等情况。

二是定性资料形式的多样性。定性资料来源的多样性注定了它在形式上是难以统一的，往往呈现一种零碎、杂乱、无固定的结构形式。正是这种形式的多样性，使得定性资料更难以把握，在分析定性调查资料时，需要调查者有更敏锐的洞察力，对这类调查资料分析的方法要更加注意细节。

三是定性资料的分析路径的多样性。由于定性资料的来源、形式都具有多样性的特征，因此，对定性资料的分析有更大的自由。不同的分析者，从不同角度的分析，面对同样的资料，可以得出不同的结论。这样，如何分析定性资料就至关重要了，如何从零碎的、杂乱的、不同形式的资料中归纳出本质的规律，从而分析出对症的措施就非常关键。但是，正是这种分析路径的多样性使得定性资料更加丰富多彩，更加接近事实的真相。

### （二）掌握定性分析的过程

定性分析的过程指对定性资料进行分类、整理、综合、归纳的过程，是一种归纳逻辑，一般分为资料甄别、阅读编码和归纳抽象三个阶段。

资料甄别指调查者对收集到的资料进行检查、分类和简化，使之条理化、系统化，并为进一步分析提供条件的过程。可以说，资料甄别既是资料收集工作的继续，又是资料分析的开端，它是两者之间的中间环节。经过实地调查获得的资料需要去伪存真，不仅在理论上需要我们对实地调查资料进行判别，而且在实地调查资料研究实践中，需要我们对许多影响资料可靠性的因素有更多清醒的认识。资料甄别阶段主要包括资料信度甄别和效度甄别两个方面。

定性资料信度甄别，也称信度审核，就是对资料的真实性或可靠性进行审核。简而言之，就是辨别调查资料的真伪。一般是通过检查资料的一致性、稳定性与可信度确定资料的真伪。一致性指不同的调查者同时调查同一对象所得结果的一致程度；稳定性指同一调查者在不同时间、地点调查同一事物所得结果的稳定程度；可信度指不同的调查者在不同的时间、地点调查同一事物所得结果的吻合程度。信度甄别一般可以采用经验法、逻辑法与来源法。经验法指根据以往的经验判断资料的真实性，此方法一般需要有经验的专家或者实践经验丰富的调查人员负责实施。逻辑法就是以事物内在逻辑联系判断资料的真实性，如果发现资料明显前后矛盾或违背事物发展的逻辑，则可判定资料可能是不真实的。来源法就是要弄清楚资料的来源，并根据资料的来源途径判断资料的真实性。比如，根据资料提供者与事件的利害关系、个人倾向与动机分析资料夸大或者缩小的成分。一般而言，当事人反映的情况比局外人反映的情况可靠性大，文字资料比人群中口传的资料可靠性大，多数人反映的情况比少数人反映的情况可靠性大，政治经济稳定时期的资料比不稳定时期的资料可靠性大。比如，毛泽东在寻乌调查时为了了解寻乌农民“卖奶子（儿子）”现象是否真实，找来刘亮凡、李大顺、梅治平3人仔细询问。结果刘亮凡说村子里总共37户人家，有5家卖过儿子；李大顺说他亲眼看见他村里的5户人家卖儿子；梅治平说他的叔父有3个儿子卖掉了1个，附近村的贫农梅传华有7个儿子卖掉了5个。三个人中刘亮凡是北半县人，李大顺和梅治平是南半县人，于是“全县的情形也不难推知了”。

定性资料效度甄别，也称合格性审核。效度是指调查资料对于调查课题的有用性，即调查资料符合调查方案的要求，能够反映调查目的的程度。效度常用效度系数表示调查资料与调查课题之间的相关性。效度分为内容效度和效标关联效度等类型。内容效度指调查内容能够代表它所要调查的目的的程度，即调查的特征要与调查的课题相关。如果一项调查存在其他客观标准，那么此项标准则为效标。效标关联效度指的是以效度调查结果与效标作相关分析确定效标关联度。定性资料的效度甄别常用的方法有：邀请专家对调查课题和调查目标进行评判，以检查内容效度；选择可靠、可信度高的效标来评估效标关联效度。

定性资料阅读编码就是调查者或研究者重新开始逐行逐段地仔细阅读每一段实地调查记录，分析每一段座谈会记录、笔记的内容，并且在阅读中进行资料的各种编码工作。一般来说，调查者或研究者一边阅读一边根据具体内容作记号，以标签的形式表明各种具体事例、行为、观点的核心内容或实质，并将其归入所属的各种不同主题或概念备忘录中，使得定性资料有更为清晰的内容框架的资料，方便进行分析。

定性资料归纳抽象就是要根据不同的标准或从不同的角度，仔细审阅和思考资料中所作的各种记号。思考和比较各种不同的主题，看看哪些东西反复出现，哪些资料存在突出差异，从中归纳或抽象出解释、说明现象和社会生活过程的主要变量、关系和模式。在定性资料的分析阶段，一个十分关键的环节是：我们必须从大量的经验材料中识别那些构成更大的社会结构的社会互动和社会关系。不能把观察或调查所看到的这些互动和关系仅仅看作具体的、特别的行为，还要把它们看作更为抽象、更为一般的概念在具体社会生活中的例子。实地调查所收集到的资料是丰富的、生动的和具体的，研究者必须从中进行选择和组织，利用它们来展示更带有普遍意义的社会行为模式、更为一般的社会结构和社会过程。调查者或研究者要对这些调查资料进行自己的分析判断。

### （三）学会定性分析的方法

由于定性调查资料具有“三多”特征，使得对其进行分析的方法难以统一。有的学者认为，对调查资料的定性分析就是要寻找调查资料的相似性和相异性；有的学者认为，对调查资料的定性分析可以分为类别分析和叙述分析两种。类别分析就是将具有相同属性的材料归入统一类别，材料的属性可以从事物要素、结构、功能、原因等各个层面进行分类。叙述分析就是将定性资料放置于自然情境之中，生动逼真地对事物和人物进行描述和分析。定性资料的具体分析方法较多，但主要有以下几种。

连续接近法指的是通过不断地反复和循环的步骤，使得研究阶段从开始时一个比较含糊的观念以及杂乱、具体的资料细节，最终得出一个具有概括性的综合分析的结果。在这种方法中，调查者或研究者常常得以形成新的概念、创造新的理论。

比较分析法是定性调查资料广泛应用的一种方法。比较分析法根据比较方式的不同，一般有两种。一是一致性比较法。就是将注意力集中于各个不同个案中所具有的共同特征上，并通过运用一种排除的过程来进行比较分析的方法。其主要思想就是研究者或调查者先找出不同个案所具有的某种共同的作为结果的特征，再比较各种可能的作为原因的特征。如果某种被看作原因的特征不为所有具有共同结果的个案所有，那么，调查者就将这种特征从原因中排除，而剩下的那种所有个案共同的特征则为可能的原因。二是差异性比较法。其基本思路是：研究者或调查者首先找一些在许多方面都十分相同，但是在少数方面不同的个案群；其次从中找出使得这些个案具有相同结果的原因特征组，同时找出一组在结果上与此不同的个案；最后对比两组个案，查找那些在结果上不同的个案所没有出现的原则特征，这种没有出现的原则特征就是结果的原因。

流程图法指的是以历史和现在的发展过程为标准，对定性资料进行描述。这种方式最大的好处是能够很好地展示事物发展变化的过程，使研究者或读者一目了然。

定性分析是一个极为复杂的过程，具有极大的弹性，不同领域、不同研究目的需要采取不同的分析策略。调查资料的定性分析是一种理论建构型的分析方法，在分析过程中，研究者可以根据研究目的，对原始资料进行不同的取舍，但是，不管怎么样，研究者在分析资料、建构理论时，都应该在原始资料的基础上，而不是凭空杜撰。

## 三、定量分析法

定量分析法主要是通过对问卷调查或结构式访谈收集到的各种资料进行检查、分类，使其系统化、条理化，并通过计算机辅助完成调查资料的统计分析的整个过程。

### （一）理解定量分析的步骤

调查资料的定量分析一般要经过资料审核与复查、数据转换与登录、制作统计表或统计图等步骤。

资料的审核与复查是对调查资料进行定量分析的第一步。它是指研究者对调查所收集的原始资料（主要是问卷）进行初步审查和核实，校正错填、误填的答案，剔除乱填、空白和严重缺答的废卷。资料审核与复查主要包括两个方面内容：一是检查问卷资料中存在的问题；二是重新向被调查者核实情况。为了确保资料的真实性、准确性，除要对原始资料进行审核外，还要进行复查工作。所谓资料的复查，指的是调查者或研究者在资料收回后，又由其他人对调查样本中的一部分个案进行第二次检查，以检查和核实第一次调查的质量。复查的基本做法是由调查组织者重新选派另外的调查员，从原来调查员所调查的样本中，随机抽取5%～10%的个案重新进行调查。

数据转换与登录是对调查资料进行定量分析的第二步。定量资料数据转换就是编码，即给每份问卷及答案分配一个数字作为它的代码。例如，“你的性别？”的答案有两个：“A.男”“B.女”。在这个问题中，“A”可以编码为“1”，“B”可以编码为“2”，在问卷数据输入中，只要输入“1”或“2”即可。给问卷进行编码的过程就是一种赋值的过程，为了保持数据输入的统一性，要求制作统一的赋值表。赋值表编写的要求是格式要统一、明确，容易理解，便于操作。

统计表或统计图是对经济资料审核与复查、资料编码与登录等统计后所得结果的一种呈现形式。一般而言，统计表或统计图多用于对数据进行描述，但它可以将数据以一种简洁、直观的方式予以概况，因此在定量分析中应用广泛。定量分析方式主要有单变量分析与相关性分析两种。

### （二）掌握定量分析的方法

1.单变量分析

（1）集中趋势的度量。集中趋势的测量数是对一组数据集中趋势的度量，通常用一组数据的中心位置度量一组数据的集中趋势。描述一组数据集中趋势的指标有多种，包括算术平均数、中位数、众数、几何平均数、调和平均数、加权平均数等，这些表明数据分布中心的指标就被称为集中趋势的测量数，简称为集中量数。集中量数经常作为一组数据的代表值参加统计分析。

平均数（mean）也叫算术平均数，是所有观测值的总和与所有观测值总个数的比值。平均数是最常用的集中量数，一般简称为均数、均值，用符号$M$表示。

根据算术平均数的定义，设对某变量$X$进行了多次观测记录，得到$n$个测量值，如果将这$n$个测量值依次计为$X_1,\cdots$，$X_n$，则变量$X$测量值的平均数$\overline{X}$的计算即

$$\overline{X}=\frac{X_1+X_2+\cdots X_n}{n}$$（公式：6-1）

算术平均数是一个比较简单但却很重要的统计指标，因为它指出了数据中心在数轴上的位置，其计算也比较简单，易学好用。

中位数（median）又称中点数，简称中数，用符号$M_{dn}$或$M_d$表示，从字面上来看就是中间位置的数，是将一组数据按照大小顺序排列后，位于中间位置的数值。因此中位数是一组数据的地理中心，它将一组数据分为相等的两半，一边是较大的一组数据，一边是较小的一组数

据。理解中位数有两点必须提醒注意的是：第一，要确定中位数必须首先进行排序，按大小顺序排列是先行条件。第二，中位数可能是现在数据列中一个实际存在的数，也可能在现在数据列中并不实际存在，只是一个潜在数。

中位数的计算基本步骤如下。

第一步，排列数据。将所有数据按照从小到大或从大到小（两者均可，不影响中位数的计算，具体按数字的内涵和统计的要求而定）的顺序排列。

第二步，确定所有数据的奇偶。数据共有多少个，是奇数还是偶数？这直接决定中位数的计算。

第三步，确定中位数的位置。如果整个数据的个数$n$是奇数，则第$\frac{n+1}{2}$个数就是中位数，若数据的总个数$n$为偶数，则取第$\frac{n}{2}$个数和第（$\frac{n}{2}+1$）个数的中间数（即这两个数据的平均数）作为中位数。

中位数是根据实际观测数据得出来的，概念简单、易算易解，相对于算术平均数来说，中位数不受极大值或极小值的影响，决定中位数数值的只是位于中间位置的一个或两个数据。

众数（mode）是指一群数据中出现次数最多的那个数值，又称范数、密集数，用符号$M_o$表示。

对于一群数量较少的原始数据可以根据众数的定义直接采用观察法来确定众数，即以出现次数最多的数值为众数。比如：一组数据的观测值为2，6，5，5，6，3，4，2，5，9，8，这组数据中数值2出现了2次，数值6出现了2次，数值5出现了3次，数值6出现1次，数值3出现了1次，数值4出现了1次，数值9出现了1次，数值8出现了1次，据众数的定义，这一组数据的众数是5，因为5出现的次数最多。

如果有较多的数据，不能直接观察出众数时，可采用皮尔逊经验公式来计算众数。

英国统计学家卡尔·皮尔逊（Karl Pearson）研究了平均数（$M$）、中位数（$M_d$）与众数（$M_o$）之间的关系，发现三者之间的经验关系为：平均数（$M$）与中位数（$M_d$）占平均数（$M$）与众数（$M_o$）距离的1/3，即

$$\frac{M-M_d}{M-M_o}=\frac{1}{3}$$

由此我们可以推导出 $M_o=3M_d-2M$ （公式：6–2）

众数定义简单明确，计算方便快捷，不受极端数值的影响。这是众数的优点，同时众数作为一种集中量数，其性能不及算术平均数和中位数优良，众数不适合代数运算，受抽样变动的影响较大。

（2）离中趋势的度量。差异量数是对一组数据离中趋势的度量，是对一组数据的变异性进行描述和度量的统计量。描述一组数据离中趋势的指标有多种，包括两极差、平均差、百分位差、四分位差、标准差、方差等。

两极差，从字面意思来理解，就是两个极值的差，即一组数据中的极大值与极小值的差。一组数据的极大值与极小值相减，所得正是一组数据的最大距离，所以两极差也称为全距。

两极差是说明数据离散程度最简单的统计量，我们经常在现实生活中运用两极差。比如：一次考试结束，老师通常会向同学们这样介绍考试成绩“我们这次考试考得不太理想，最高分89分，而且两极分化严重，最低分39分，最高分与最低分相差50分”，50分就是这次考试成绩的全距。

两极差或者全距，用符号 $R$ 表示，取英文range的首字母。

根据两极差的定义，设对某变量 $X$ 进行了多次观测记录，得到 $n$ 个测量值，如果将这 $n$ 个测量值依次计为 $X_1,\cdots,X_n$，在变量 $X$ 测量值中找出最大值 $X_{max}$，最小值 $X_{min}$，则两极差的计算即

$R=X_{max}-X_{min}$ （公式：6–3）

离均差。为了寻找描述一组数据离散程度的合理指标，我们借助于平均数和绝对值来探寻。一个数据值与平均数的距离我们称之为离均差，简称离差。但一组数据中，必然是一部分数据大于平均数，而

一部分数据小于平均数，算术平均数的性质告诉我们所有离差之和为0，正离差和负离差最终会全部抵消。一个数据偏离算术平均数的距离，如果取绝对值就可以去掉离差的正负号，将其偏离平均数的距离保留下来。

平均差（average deviation）是次数分布中所有原始数据与平均数绝对离差的平均值，用符号$AD$表示。

依定义，平均差的计算公式为

$$AD=\frac{1}{N}\times\sum_{i=1}^{n}|X_i-\overline{X}|$$

（公式：6–4）

百分位差表示某两个百分位数之间差异程度的指标。常用的百分位差如$P_{93}-P_7$，$P_{90}-P_{10}$。而百分位数（percentile）是指量尺上的一个点，在此点以下，包括数据分布中全部数据个数的一定百分比。第$P$百分位数就是指其值为$P$的数据以下，包括分布中全部数据的$p\%$，记为$P_p$。

$$P_p=L_b+(\frac{\frac{p}{100}\times n-F_b}{f})\times i$$

（公式：6–5）

公式中$P_p$为所求的第$P$个百分位数，$L_b$为百分位数所在组的精确下限，$f$为百分位数所在组的次数，$F_b$为小于$L_b$的各组次数的和，$i$为组距。

四分位差（quartile deviation），也可视为百分位差的一种，通常用符号$Q$来表示，指在一个次数分布中，中间50%的次数的距离的一半。在一组数据中，它的值等于$P_{25}$到$P_{75}$距离的一半，四分位差能够反映出数据分布中中间50%数据的散布情况，即

$$Q=\frac{P_{75}-P_{25}}{2}$$

（公式：6–6）

$P_{25}$，$P_{50}$和$P_{75}$这三个点值就把整个数据的次数分布划分为四部分，这些数称为四分位数或者四分值。由于$P_{25}$之下占有总次数的1/4，$P_{25}$被称为第一四分位（$Q_1$），$P_{50}$被称为第二四分位（$Q_2$），$P_{75}$被称为第三四分位（$Q_3$）。

方差和标准差。方差是离均差平方的算术平均数，表示一列数据平均差距的平方，其样本方差用符号$S^2$表示。标准差就是方差的算术平方根，表示一列数据的平均差距，样本标准差用符号$S$或$SD$表示。

方差的定义式：

$$S^2=\frac{\sum(X-\overline{X})^2}{n}=\frac{\sum d}{n} \quad （公式：6–7）$$

标准差的定义式：

$$S=\sqrt{\frac{\sum(X-\overline{X})^2}{n}}\sqrt{\frac{\sum d^2}{n}} \quad （公式：6–8）$$

2. 相关性分析

数学中把不断变化的、可取不同值的量称为变量（variable），又称随机变量（random variable）。变量一个很重要的特点是相同条件下，其取值往往并不恒定。通常用大写的英文字母，如$X$，$Y$，$Z$等来表示不同的变量，有时为了表示不同实验或不同测量方法得到的随机变量，用$X_1,\cdots$，$X_n$或者$X_i$表示一列随机变量，而用$Y_1,\cdots$，$Y_n$或者$Y_i$表示另一列随机变量。与变量相对应的是常数（constant），常数在一定范围内数值是不会随意改变的，常见的常数如圆周率$\pi$。

变量的关系。事物的各种属性常常是相互关联的，一个事物同其他事物之间的依存关系可分为两种：一种是函数关系，另一种是相关关系。函数关系是指事物之间存在着严格的依存关系，其特征是变量与变量之间的数量关系是一一对应的，函数关系通常可以用数学表达式准确地表示出来。例如，圆的面积$S$对圆的半径$r$的依存关系就是一种函数关系：$S=\pi r^2$。由此式可知，一旦圆的半径$r$确定，其面积$S$的值就随之被唯一确定。当所研究的两个事物或现象之间，虽然存在着一定的数量关系，但又不像函数关系那样，能以一个变量的数值精确地求出另一个变量的数值时，我们称这类变量之间的关系为相关关系。在相关关系中，一个变量增加或减少时，另一个变量也随着这个变量的增加或减少而变化，但两个变量的相关关系没有函数关系那么精准和唯一。比如，身高与体重的相关关系，通常身高越高，体重也越重。又如，一个家庭的子女的受教育程度往往与收入水平有着较强的相关关系，收入水平高的家庭，子女受教育程度一般较高。两个变量之间是否存在相关关系，相关程度是否很高，常常是我们非常关心的问题。在教育统计学中，我们把研究这种相关关系问题的理论和方法称为相关分析。相关的性质与强弱，一般用相关系数来表示。

相关关系与函数关系也是相关的。由于在测量中会产生误差，函数关系往往通过相关关系表现出来，变量间的相关关系非常密切时，通常又呈现出函数关系的趋势。同时，相关关系与因果关系密切相关但有所区别，因果关系一定是相关关系，但相关关系却不一定是因果关系。如果有两个变量$A$和$B$相关，那么至少存在以下5种可能性：（1）$A$导致$B$；（2）$B$导致$A$；（3）$C$导致$A$和$B$；（4）$A$和$B$互为因果；（5）小样本引起的巧合。可见，导致相关关系的原因，有的是变量间存在因果关系；有的并非变量间存在因果关系，可能是其他一些变量作用的结果，甚至小样本误差的偶然现象。我们探讨事物或变量间的相关关系，只注重它们的联系及其密切程度，并不考虑其间是否存在因果关系，如果要探讨事物之间的因果关系，还需要借助相关的专业知识和理论。

积差相关也称积矩相关、皮尔逊相关，是采用英国统计学家卡尔·皮尔逊提出的计算相关系数的一种方法。通常人们把离均差这二者积的总和除以$n$叫作“矩”（moment），把$X$的离均差和$Y$的离均差这二者积的总和除以$n$，用“积矩”概念表示。积差相关是一种运用普遍的计算相关系数的方法，也是提示两个变量线性相关方向和程度最常用和最基本的方法。

使用积矩相关法来计算皮尔逊相关系数有一些先决条件，通常用于计算的数据资料需要满足下面几个条件：（1）要求有30对以上的成对的数据，即参与计算的样本个体都有两个不同变量的观测值。例如，一个班中每个同学都有物理与化学两科的测验成绩，计算相关的成对数据不宜少于30对，否则数据太少会使样本失去代表性，使得最终的计算结果有很大的偏差。（2）两列变量各自总体的分布都是正态，即正态双变量，至少两个变量服从的分布应是接近正态的单峰分布。为了判断计算相关的两列变量的总体是否为正态分布，一般要查询已有的研究资料，若无资料可查，研究者应取较大样本分别对两变量作正态性检验。（3）两个相关的变量都是连续变量，也就是两列数据都是测量数据。（4）两列变量之间的关系应是直线性的，如果是非线性的双变量，就不能计算线性相关。

首先，了解积差相关系数的计算公式：

$$r=\frac{n\sum XY-\sum X\sum Y}{\sqrt{n\sum X^2-(\sum X)^2}\cdot\sqrt{n\sum Y^2-(\sum Y)^2}}$$ （公式：6-9）

等级相关。斯皮尔曼等级相关是英国心理学家、统计学家查尔斯·爱德华·斯皮尔曼（Charles Edward Spearman）根据积差相关的概念推导出来的，因而斯皮尔曼等级相关是积差相关的一种特殊形式，它在本质上也是一种两列变量的线性相关。斯皮尔曼等级相关是等级相关的一种，其相关系数用$r_R$或者$r_S$表示。斯皮尔曼等级相关适用于只有两列变量，而且是属于等级变量性质的具有线性关系的资料，主要用于解决称名数据和顺序数据的相关问题。对于属于等距或等比性质的连续变量数据，若按其取值大小，赋以等级顺序，转换为顺序变量数据，亦可计算等级相关，此时不必考虑分数分布是否是正态。因而，有些虽属等距或等比变量性质但其分布不是正态的资料，虽然不能用和差相关的方法求相关，但能够计算等级相关。可见等级相关方法比和差相关方法适用的范围大，又对数据总体分布不作要求，这正是其优点所在。另外，当成对数据$n<30$时，计算也比较简便。等级相关的缺点是一组能够计算积差相关的资料若改用等级相关计算，精确度要差于积差相关。因此，凡符合计算积差相关的资料，不建议用等级相关计算。

斯皮尔曼等级相关系数的计算公式如下：

$$r_R = 1 - \frac{6\sum D^2}{n(n^2-1)} \qquad （公式：6–10）$$

式中$D$表示各对等级数的差值，即$D = R_X - R_Y$，$n$表示成对样本的数量。

肯德尔和谐系数是以英国统计学家毛利斯·肯德尔（Maurice Kendall）的名字命名的，是计算多列等级变量相关程度的一种相关量，由此可见它区别于斯皮尔曼等级相关系数之处在于斯皮尔曼等级相关系数仅讨论两个等级变量的相关程度。肯德尔和谐系数的适用情形是，$k$个评分者评价$n$个人或者$n$件作品，也可以是同一个人先后$k$次评价$n$个人或者$n$件作品。斯皮尔曼相关系数的适用情形是：两个评分者评价$n$个人或者$n$件作品，或是同一个人先后两次评价$n$个人或者$n$件作品。通过计算肯德尔和谐系数，我们可以较为客观地判断评价结果的一致性程度，肯德尔和谐系数通常用$W$来表示。

肯德尔和谐系数的计算公式如下：

$$W = \frac{S}{\frac{1}{12}k^2(n^3-n)} \qquad （公式：6–11）$$

其中$n$是被评的对象数目，$k$是评分者的人数或等级变量的列数，$S$是每一个被评对象所评等级之和$R_i$与所有这些和的平均数$\overline{R}$的离差平方和，即

$$S = \sum_{i=1}^{n}(R_i - \overline{R})^2 = \sum R_i^2 - \frac{(\sum R_i)^2}{n} \qquad （公式：6–12）$$

当$k$个评分者同时对$n$个被评价对象进行等级评定时，若$k$个评分者的意见完全一致，则$n$个$R_i$分别为$k$，$2k$，$3k$，$4k$，$\cdots$，$nk$，此时$\overline{R} = \frac{k(n+1)}{2}$，$S = \frac{1}{12}k^2(n^3-n)$，此时$W$的计算结果为1；若$k$个评分者的意见完全不一致，则$S = 0$，$W = 0$，因此，肯德尔和谐系数$W$的变化范围是$0 \leqslant W \leqslant 1$。

## 四、解剖麻雀法

“解剖麻雀”是中国共产党在长期实践中总结提炼出的一种科学调研方法，也是一种工作方法。一般是指通过深入研究具体典型，以小处见大处、从个别到一般、由个性到共性，从中找出事物发展的普遍规律，提高决策的科学性。过去常用的“蹲点调研”“解剖麻雀”的调研方式依然是管用的，要多深入基层寻计问策，多“解剖麻雀”小中见大，多专心致志深入研究。

### （一）领会解剖麻雀法的内涵

“解剖麻雀”是毛泽东同志对典型调查方法的形象比喻。麻雀虽小，五脏俱全。他在广州中央工作会议上的讲话中曾指出，“要从个别问题深入，深入解剖一个麻雀，了解一处地方或一个问题”，“往后调查别处地方或别个问题，你就容易找到门路”。毛泽东同志尤其喜欢和善于运用“解剖麻雀”来研究问题，在《中国社会各阶层的分析》《湖南农民运动的考察报告》《寻乌调查》等著作中体现得淋漓尽致。

### （二）理解解剖麻雀法的价值

1.深化调查研究的理论价值

解剖麻雀法的理论价值是相对于统计分析或定量分析而言的。统计分析着重从社会现象的量的方面进行分析，但是它只能告诉我们事物发展的规模和程度，以及两种事物之间的相关程度如何，至于事物为什么会有这样的规模和程度，为什么会存在这样的相关，以及这种相关说明了什么问题等，统计分析本身无法作出解释，这个任务只能由理论分析来完成。解剖麻雀法不仅能对社会现象的统计量作出理论解释，还能指出隐藏在这些统计量背后的本质联系及其变化规律。也就是说，它能够对社会现象进行定性的分析。如果只有统计分析，没有理论分析，调查研究工作就只能停留在对调查对象的表象和外在联系的认识水平上，难以形成系统化的理论认识。

2.科学地回答和解释现实问题

调查研究的最终目的，在于科学地回答和解释现实问题。为此，调查工作就不能只停留在对社会现象的描述上，而要深刻地揭示问题的本质及其内在联系。不仅要知道社会现象是什么，还要知道为什么、它的发展变化趋势如何、应该怎样去驾驭它们等。要达到这样的目的，仅有直接的观察或调查是不够的，靠单纯的统计分析也是行不通的，只有通过理论分析才能最终实现。

例如，复旦大学范伟达教授于2000年主持的相关调查结果显示，76.9%的上海市民不约而同地使用了“数字化”这一字眼描绘即将到来的新世纪生活图景。上海人对于“数字化”生活的理解更多地体现在以下五个方面。一是获取信息的途径。75.1%的人认为21世纪人们获得信息的主要来源将是电脑，报纸、电视、广播、杂志等传统媒体将退居其后。二是在家办公将成为现实。一半以上的人希望能“部分时间在家工作，部分时间去办公室”；24.7%的人选择“在家办公”。三是人们寄希望于网络社区的出现，给购物、工作、娱乐等日常生活带来方便。四是体现在对未来就业的意愿上。四成左右的人希望从事高科技信息产业，三成以上的受访市民希望从事服务性的行业。五是“数字化生存时代”的教育也可以通过网络进行。这将使学习不受时间和地点的限制，学生可自主地选择教学内容和进度。由此我们可以作出理论性的解释，21世纪将是“数字化”的信息时代。

3.为新的见解和理论的提出奠基

解剖麻雀法不但可以依据统计资料检验和论证已有的理论，而且可以在解释统计结果的基础上进一步提出新的见解和理论，使调查研究有所发现、有所创造、有所突破，并为解决实际问题提供建议和方案。可见，没有深入而正确的理论分析，社会调查的成果和社会价值就难以充分显示出来。

例如，毛泽东同志在《寻乌调查》中列举了许多具体案例来说明地主、富农的经济、政治状况，并对这些事例作出了理论性的分析，得出具有概括性的研究结论。其中，对小地主的概括是：小地主中的一部分来源于大中地主的家产分拆，他们接受资本主义文化比较迅速、普遍，其中属于破落的小地主阶层的许多人很有革命热情；另一部分是“新发”的小地主，他们多靠经商、放高利贷致富，因而比较贪婪、凶恶，这种半地主性的富农，是农村中最恶劣的敌人阶级，在贫农眼中是没有什么理由不把他打倒的。在作了这些分析和说明之后，具体的经验材料就脱离了感性的、具体事例的形态，而上升为抽象的、具有普遍意义的类型（如“破落的小地主”“新发小地主”），这些抽象概念概括出每一类型的本质特征。由上述例子可以看出，实地调查是要从个案材料和典型事例中发现问题、抓住主要矛盾，并从具体现象中抽象出理论概念和一般类型，这样就能够提纲挈领地把客观事实中的各种联系发掘出来，用来指导实践。

## （三）掌握解剖麻雀法的要点

### 1.如何精准选“麻雀”

“解剖麻雀”不是要把所有的“麻雀”进行一一解剖，最重要、最关键的是看“麻雀”是否具有的典型性与代表性。要通过解剖那些具有代表性、典型性的“麻雀”，实现从个别到一般、由特殊到普遍、由个性到共性的“飞跃”。选“麻雀”的过程就是明确调研目的、选择调研对象的过程。一方面，要知道在哪里找“麻雀”。开展调研，既要到困难大、矛盾多的地方去，又要到情况复杂、群众意见多的地方去，还要到自然条件差、工作基础差的地方去，带着问题、带着感情，既要“身入”也要“心入”，在火热的社会生活实践中找“麻雀”。另一方面，要善于找到最具代表性的“麻雀”。毛泽东同志说：“调查的典型可以分为三种：一、先进的，二、中间的，三、落后的。如果能依据这种分类，每类调查两三个，即可知一般的情形了。”[①]我们搞调研也要根据调研的目的，结合工作实际，多层次、多方位、多渠道找“麻雀”，努力找到最具代表性的典型，从先进典型中总结经验，从落后典型中解析问题，从中间典型中了解一般动态，为调查研究做好准备。2019年4月，习近平总书记赴重庆考察调研，聚焦一个主题——脱贫攻坚，解剖一只麻雀——重庆市石柱土家族自治县中益乡华溪村，解决一类问题——“两不愁三保障”突出问题。

2. 如何全面剖“麻雀”

要始终将问题意识贯穿“解剖麻雀”的全过程、全流程，紧盯难点、痛点、堵点，力求得出最客观、最科学的结论。要进一步拓展调研渠道、丰富调研手段、创新调研方式，学习、掌握和运用现代科学技术的调研方法，如问卷调查、统计调查、抽样调查、专家调查、网络调查等，聚焦“麻雀”进行全面体检、系统分析，通过深入研究一个问题，发现全局的共性问题，从而得出一般性、规律性的结论。以点带面总结是核心。毛泽东同志曾说过：“如果有问题，就要从个别中看出普遍性。不要把所有的麻雀统统捉来解剖，然后才证明‘麻雀虽小，肝胆俱全’。”[②]要从大量零碎的材料总结提炼，透过纷繁复杂的现象抓住事物的本质，找出事物的内在规律，由感性认识上升为理性认识，从而形成推动工作、指导实践的思想方法和政策措施。

“解剖麻雀”是经过实践证明的行之有效的调研方法，是中国共产党必须一以贯之坚持下去的调研方法。进入中国特色社会主义新时代，习近平总书记对调查研究工作提出了新的指示与要求，这就要求必须赋予其新的内涵，用好调查研究这一传家宝，做好调查研究这一“基本功”，并一以贯之地脚踏实地“解剖麻雀”，推动全党大兴调查研究之风。

---

① 《毛泽东文集》第二卷，人民出版社1993年版，第383页。
② 《毛泽东文集》第六卷，人民出版社1999年版，第478页。

概言之，调查资料的分析研究是根据调查研究目的，运用习近平新时代中国特色社会主义思想的世界观、方法论，在遵循科学研究的一般规律的基础上，按照一定的程序、方法、概念框架对所获得的各类调查资料进行处理，使调查资料体系化、条理化的过程。系统分析法是现代科学研究的重要方法，是对系统科学的最新思维成果进行哲学提炼的产物，是辩证思维方式在当代的最新发展，是解决复杂社会系统问题的调查资料分析研究的科学方法之一。定性分析法是对调查研究收集的各种以文字形式呈现的文献资料、观察记录、访问记录与问卷的答案等定性资料进行审核、分类、整理、综合、归纳的过程，即从具体的、个别的实例出发，总结概况出一般概念、理论的过程。定量分析法主要是通过对问卷调查或结构式访谈收集到的各种资料进行检查、分类，使其系统化、条理化，并通过计算机的辅助，完成调查资料的统计分析的整个过程。解剖麻雀法是通过深入剖析研究具体典型，从中找出事物普遍规律的工作方法。

**延伸阅读**

1. 毛泽东：《才溪乡调查》，载《毛泽东文集》第一卷，人民出版社2009年版。

2. 毛泽东：《要做系统的由历史到现状的调查研究》，载《毛泽东文集》第八卷，人民出版社1999年版。

3. 习近平：《更好把握和运用党的百年奋斗历史经验》，《求是》2022年第13期。

# 第七章

# 牢记调查研究的工作要求

持续的调查研究是加强中国共产党作风建设的重要一环。回顾中国共产党坚持调查研究的历史进程，中国共产党实现了从“在全党推行调查研究的计划”并把它作为“转变党的作风的基础一环”的理论感召，到“坚决反对在调查研究中走马观花、浅尝辄止、一得自矜、以偏概全”[①]的实践要求的思维升华，镌刻着中国共产党人对调查研究这一重要方法的关切。中国共产党面临的“四大危险”“四大考验”将长期存在，要想时刻保持新的政治风貌，就要不断激活调查研究这一生命因子，同一切违背现实、忽略本质、片面决策的各种不正之风划清界限。在调查研究过程中，要牢记调查研究的工作要求，保持良好的作风，时刻关注人民群众急难愁盼问题，不断提升党在群众中的政治形象，构建良好的党群干群关系，形成良好的政治生态。

## 一、加强组织领导

开展好调查研究工作，抓组织领导要到位。各级各地各部门要发挥领导干部“头雁”作用，改进调研方法，以上率下、层层示范；各级党委（党组）要高度重视调查研究工作，把调查研究工作列入重要工作日程，真正扑下身子深入一线，把情况摸清、把问题找准、把对策

① 《习近平关于力戒形式主义官僚主义重要论述选编》，中央文献出版社2020年版，第90页。

提实；要成立调查研究工作领导小组（专班），完善调查研究工作机制，强化部门协调联动，加强督导问效，力戒形式主义、官僚主义，集中精力和力量解决一些“老大难”问题和人民群众急难愁盼问题；要重视调研队伍的素质建设，从而有效推动调查研究的深入开展。

### （一）坚持以上率下，压实主体责任

领导干部带头是我们党在实际工作中总结得出的一条重要的经验，这也是我们抓好落实调查研究工作必须坚持的一项重要原则。俗话说，“火车跑得快，全靠车头带”。大到国家整体战略的推进，小到一个单位、部门工作的顺利开展，都需要领导干部调方向、把速率。领导干部敢于冲在一线，敢于做先锋，就会在无形当中形成一股巨大的凝聚力，带动大家共同参与，最终也会形成推动工作落实的强大力量。实践也反复向我们证明，在实际工作中领导干部的亲力亲为、上心上手对问题的解决、工作的推进都具有重要的作用。因此，在调查研究的过程中，各级党委（党组）要高度重视调查研究工作，切实担负起主体责任，对分管领域和分管单位的调查研究工作作出专门部署、专门研究，科学精准做好方案设计、过程实施、监督问效等各个环节工作，全面传导压力，逐级明确责任，确保调查研究工作取得实效。

主要领导同志要担负起第一责任人的职责，党委（党组）成员要认真履行“一岗双责”，对分管领域和分管单位加强指导督促。上级单位和行业系统主管部门要对下级单位、相关行业系统的调研工作加强统筹指导；班子其他成员各负其责，抓好分管领域和分管单位的调查研究工作。领导干部既要带队深入一线调查研究，改善工作方法，也要担任调研课题的负责人参与调研成果写作，积极参加各种学习、交流、研讨活动，发挥好表率作用，这是最好的示范，也是有力的动员。领导机关和领导干部先学一步、学深一点，先改起来、改实一点，把标杆立起来，才能以上率下，让广大党员干部激发学的劲头、坚定改的

决心，推动调查研究走深走实。

各级领导干部要深入实际、深入群众，增强问题意识，真正把情况摸清、把问题找准、把对策提实，引导和推动全省大兴调查研究之风，坚决克服调研中的形式主义、官僚主义，力求用“小切口”破解“大课题”，真正朝着问题走、迎着难题上，体察基层的困惑和困难，弄清事情的真相和全貌，把握问题的本质和规律，找到解决难题的方法和思路，让调查研究真正成为谋事之基、成事之道。调查研究要坚持同党中央安排部署对标对表，同时结合实际，丰富方式方法，做到“一把尺子”和“多种形式”相统一。

### （二）坚持统筹部署，把调研工作列入重要工作日程

习近平总书记主持制定的各项决策、举措、方案之所以符合客观实际、符合人民群众意愿，跟他经常深入基层、深入实际、深入群众广泛开展调查研究工作有着很大的关系。因此，建议各级领导干部每年至少用1/3以上时间深入基层和部门调查研究。当前，改革开放已进入深水区与攻坚期，需要解决的问题仍然十分繁重，这就需要领导干部重新审视调查研究，深刻理解经常化的调查研究对于党的事业和领导干部自身的重大影响。一方面，领导干部需要经常和外部环境打交道。环境虽不是决定领导干部工作能力的唯一因素，但却在领导干部工作过程中尤其是培育期和磨砺期起着至关重要的作用。相对于理论工作而言，深入基层进行调查研究的工作环境较为艰苦，不仅可以磨炼领导干部的意志，而且可以培养其强大的事业心、责任感与上进心，同时还会锻炼领导干部们自立、自律，进而培养起相应的自我管理能力。反之，长时间“不接地气”的工作环境，则会滋生出怕苦、怕累、怕担责任等不思进取的思维定势与行为惯性。因此，经常性的调查研究工作可以在一定程度上为领导干部的成长提供必备的磨砺机会，进而从肉体到精神上明白身为人民公仆的重任，并自觉转变官僚主义、

形式主义和命令主义等不良的工作习惯与作风。另一方面，领导干部提升自身素质需要进行调查研究。领导干部的整体素质除了要具备相应的专业知识与文化素质，还需要经常回归实践进行调查研究，否则所掌握的理论只能停留在“主观”层面，许多工作也只会是走马观花式地进行，缺乏对中央出台的各项政策的实际应用能力，从而导致对各项工作的行政组织与协调能力较差，严重损害党和政府在广大人民心中的形象。

调查研究重在坚持。要坚持调查研究时间上的连续性，绝不能浅尝辄止，“三天打鱼两天晒网”，搞“花架子”，而是要有足够的时间调研，把调查研究作为自己日常工作的主旋律，切切实实地到基层去了解情况，联系群众、关心群众，帮助广大的人民群众解决各种困难和问题，从而不断增进同人民群众的深厚感情。各级党委（党组）要高度重视调查研究工作，科学精准做好方案设计、过程实施、监督问效等各个环节工作；要切实担负起调研工作的领导责任，制订调查研究工作计划，做到调查研究工作与中心工作同规划、同部署、同检查、同落实。各级领导干部以及各单位、各部门的党政“一把手”，要带头开展调查研究，改进调研方法，以身作则，深入基层、深入实际、深入群众，指导并撰写调研报告，把调查研究贯穿于制定决策、实施决策的全过程。同时，各级党委（党组）要为调查研究人员创造“知情”的条件，重要会议、活动请他们参加，重要文件、资料送他们参阅，重要信息、情况供他们参考，从而使他们站在理论、政策的前沿，处在改革、建设的中心，了解领导的意图，对调查研究的选题、政策的把握等做到心中有数。

### （三）完善调查研究工作机制，为调查研究工作提供保障

在继承党的调查研究的优良传统上，进一步加强制度化的调查研究建设，是解决好党的自身建设、永葆党的先进性和纯洁性的必由之

路。领导干部调查研究工作要适应新形势、新任务的要求，不断创新和完善工作机制，推进调查研究工作的经常化、制度化、规范化和科学化。

第一，要坚持和完善决策调研论证制度。调查研究是科学决策的根本前提，领导干部在作出重要的政策措施时必须坚持做到不调研不决策、先调研后决策，决策后还要做好调研反馈。习近平同志在工作中始终坚持先调研后决策的工作方法，如1985—2000年厦门经济社会发展战略、福州经济发展规划的“3820”工程及浙江的“八八战略”等，都是其在深入基层深入实际调研、广泛征求干部群众意见、邀请专家学者反复论证的基础上制定的战略举措。这些战略举措的成功制定，为厦门、福州、浙江的发展指明了方向，产生了深远的影响。从习近平同志的工作实践中可以清晰地看到，做到精准施策的成功秘钥是坚持先调研后决策。习近平同志在厦门工作时经常说：“这个事情现在不应该着急做，更不能盲目做，要进行充分的调研，论证清楚之后再做。”[①]因此，领导干部在工作中要严格执行调查研究的相关程序，不能嫌麻烦、图省事，要坚持做到先深入调研、采集信息，再科学谋划、科学施策。只有经过广泛的调研和充分的论证，决策才能实现科学化、民主化。

第二，要坚持和完善调研工作制度。调查研究要成为各级领导干部自觉的经常性活动。要把公务人员的劳动制度化、规范化，用制度合理调配人力资源，实现可持续发展。这样不仅可以改进领导机关、领导干部作风散漫的问题，还可以极大地提高领导干部为群众服务的效率。习近平同志在地方任职期间针对领导干部中存在的调研少、拍脑袋决策、爱说假话大话空话、开会多、落实少、衙门作风等问题，相继推动了《关于改进领导作风的几项规定》《关于推进调查研究工作规范化制度化的意见》等一系列行之有效的制度文件的出台。这些规

① 中央党校采访实录编辑室：《习近平在厦门》，中共中央党校出版社2020年版，第84页。

定、意见、要求以制度化的形式推出，使调查研究有效融合进了领导机关、领导干部的日常工作中。习近平同志指出：“我牢记毛泽东同志的至理名言，坚持调研开局、调研开路，凡事眼睛向下，先当学生，不耻下问，问计于基层、问计于群众，每年至少用三分之一以上的时间深入基层和部门调查研究。”①各级领导干部要率先垂范，尤其是领导机关的主要负责人，要拿出一定的时间深入基层、深入群众开展调查研究，使调查研究制度化、经常化。领导干部自觉地经常性地开展调查研究，就会全面深入地熟悉和掌握本地区、本部门的实际情况，在重大问题的决策上，就能作出科学正确的决策，使突出问题得到妥善解决。

第三，要坚持和完善联系点制度。建立领导干部联系点制度，实行分管责任制，是确保党与人民群众保持血肉联系的有效方式。各级领导干部分别到自己挂钩的基层联系点进行调查研究，与群众交朋友、拉家常、面对面交流，对改进党群、干群关系发挥积极的作用。“四下基层”制度，即信访接待下基层、现场办公下基层、调查研究下基层、宣传党的方针政策下基层，是习近平同志在地方工作时为了把党的群众路线落到实处、形成常态而提出的工作要求。在工作中，他身体力行带头落实“四下基层”制度，引导各级领导干部俯下身子开展调研，并督促领导干部确定各自的基层联系点，自觉践行党的群众路线，真正做到全心全意为人民服务。建立领导干部联系点制度的根本出发点是发现问题和解决问题。因此，各级领导干部要选择问题多、困难大、矛盾集中的农村、社区、企业等基层单位，作为各自的直接挂钩联系点，并开展蹲点调研，倾听群众声音；从具体的事情抓起，找准问题的症结所在，切实做几件作用大、影响大、群众欢迎的事，让群众感受到实实在在、看得见的利益。

第四，要坚持和完善重大决策考核奖惩制度。要将调研工作纳入

---

① 习近平：《干在实处　走在前列——推进浙江新发展的思考与实践》，中共中央党校出版社2006年版，第3页。

各级领导班子绩效考评范畴，作为干部考核的重要依据，建立精神鼓励与物质奖励相结合、奖励与惩罚相结合的调研工作机制。对取得优秀成果的单位和个人，予以表彰奖励；对工作不力、完不成任务的，取消评优评先资格。把调研工作成效作为干部选拔任用的重要参考依据，树立强化调查研究、解决实际问题的鲜明导向，调动全党上下搞好调查研究的积极性，营造“大兴调查研究之风”的浓厚氛围。

第五，要充分发挥调研部门的主力军作用，提高调研队伍整体素质。调查研究部门是党委的“参谋部”“智囊团”，是各级党委负责政策研究的职能机构。政府调研部门人才聚集，调研广泛，经验丰富，成效明显，理所当然是调查研究的主力军。各级党委要高度重视政策研究室的建设，结合中心工作和决策需求，给他们交任务、出题目、压担子，提供更多的学习、锻炼和参加实践的机会。开展调查研究是一项基本功、一门必修课，必须提高从事调查研究工作的素质能力。调研队伍要增强大局意识、责任意识、创新意识和服务意识，多出精品。调查研究人员要提高政治把握能力，认真学习党和国家的方针政策与重大决策部署，坚持正确的政治方向，围绕党和国家工作大局，围绕各级党委、政府以及本地区、本部门、本单位的工作部署，确定题目开展调查，急党和政府之所急，想党和政府之所想，办党和政府之所需，使调查研究工作服务于党和政府的科学决策。要提高辩证分析能力，充分了解调查研究课题的来龙去脉、理论观点、发展现状和未来趋势，把座谈交流掌握的概括材料与实地考察获取的真实情况联系起来思考、结合起来分析，在比较鉴别中全方位、多角度地认清事物本质。要提高统筹协调能力，对调查研究养成超前谋划习惯，从制定方案、组建队伍到开展调研、撰写报告等，都要了然于胸、缜密筹划、合理安排，充分调动参与者积极性、主动性，发挥整体优势，形成强大合力。要提高沟通能力，用群众喜闻乐见、易于接受的方法开展工作。沟通是我们进行社会交往的重要基石，也是领导干部做好群众工作的重要利器，只有注重自己说话的内容、语言的表达形式等，会沟通、善于沟通，才能不断提升工作的效率，才能更好地履职尽责。领导干部在调查研究过程中要掌握说话的艺术，要摆正话语立场，要有感而发，要学会运用群众语言，学会用人民群众愿意听、听得懂的话语和人民群众“拉家常”，说话时要言之有理、言之有物，避免官话、套话。要提高文字表达能力，调查研究人员的调查研究成效，最终要通过报告的形式来反映，因此，调查研究人员要发挥“笔杆子”作用，通过文字将调查研究中发现的问题清晰明了地反映出来，便于决策部门进行商讨决策。总之，调查研究队伍成员要加强自身建设，以过硬的理论政策水平、较强的学习谋划能力、合理的知识层级结构、较高质量的调查研究成果，真正发挥调查研究的主力军作用。

## 二、严明工作纪律

工作纪律是各项工作顺利开展的重要保证，直接影响工作质量的好与坏、效率的高与低，也是领导干部日常行为规范的准则。大兴调查研究之风，必先正作风、严纪律。中央八项规定第一条，就是要改进调查研究。开展各类调查研究必须严格执行中央八项规定及其实施细则精神，轻车简从、厉行节约，力戒形式主义、官僚主义，谨防作秀式、盆景式和蜻蜓点水式等怪象重演。同时，要发扬斗争精神，采取“四不两直”方式，多到困难多、群众意见集中、工作打不开局面的地方和单位开展调研。各部门领导干部要充分认识到严明工作纪律的重要性和必要性，在调查研究过程中严格遵守纪律，坚决维护纪律，带头敬畏纪律。还要加强调研统筹，注意为基层减负，避免扎堆调研、多头调研、重复调研。更要遵守廉洁纪律，不得违规超标准、超范围接待或者借机大吃大喝、收受财物。调查研究重在察实情、听真话、取真经，只有心怀纪律、严守纪律，踏踏实实奔着问题去、带着办法回，才能用好用活调查研究这一传家宝。为确保领导干部调查研究工作规范化、科学化，必须严明以下几点工作纪律。

## （一）严格执行中央八项规定及其实施细则精神

第一，不搞层层陪同、对等接待。层层陪同为何屡禁不止呢？究其原因是官本位思想在作祟。有的领导干部调研前准备工作不充分，在调研中放不下“身份感”，“出发一车子、开会一屋子、发言念稿子”，不搞层层陪同就感觉没有调研的架势，把调研当成表演，看脚本，走“经典路线”，被基层“牵着鼻子走”。对基层干部而言，一方面怕得罪上级领导，影响今后个人成长，有的甚至把陪同当作与上级领导拉关系、捞好处的机遇和桥梁；另一方面也怕伤了面子，不便于今后工作上的汇报和对接，以层层陪同体现对工作的重视和对领导的尊重。当然，也有基层干部工作不实，对上级领导调研的工作心中无数，怕在领导面前出丑，而增加熟悉工作的陪同人员。调查研究是去发现问题、解决问题的，前呼后拥、层层陪同反而会影响调研的开展。调研要尽可能地减少工作人员陪同，简化接待形式，将调研工作的重点放到调研工作中去。要带着问题下去，带着办法回来，要清清爽爽、直截了当，莫让基层调研在层层陪同中“变味”，更不能以轰轰烈烈的形式代替扎扎实实的落实，用光鲜亮丽的外表掩盖本来的问题和矛盾。

第二，不搞形式主义。党的十八大以来，党中央有力部署加强和改进作风建设，持续纠治形式主义的老问题、新表现，体现出关于形式主义问题的深刻洞见。调查研究中的形式主义表现在以下几个方面：一是文山会海、应付场面。有的领导干部走不出“文山会海”，很少下去调研，满足于“轮流圈阅”“层层转发”“安排部署”，检查评比走马灯，导致基层疲于应付，没有时间抓落实。二是走马观花、浮光掠影。有的领导干部下去调研就是为了出出镜、露露脸，注重形式排场，要求陪同；不关心调研主题，不在意调研对象是否“被安排”，乐于走“经典调研路线”，喜欢听符合自己心意的同一套说辞，只想看“门面”

和“窗口”。三是主观主义、提前定调。有的领导干部调研不看实际看自己，选择性收集材料，凡是符合自己主观臆想和条条框框的就如获至宝，凡是不符合的就加以排斥剔除；提前定调定论，带着定论下去找原因，有时候明知拿到的是假情况、假数字、假典型，也熟视无睹、充耳不闻，甚至一同作假应付。四是过度留痕、不抓实效。有的领导干部热衷于造声势、出风头，不够重大的事情不做、不能让别人看见的不做，把上电视、作讲话当作头等大事，认为“出头露脸就是工作、就是政绩”，把它当作调查研究的主要功能，其本来目的倒成了次要或无关紧要的了。长期实践证明，调查研究并不是轻轻松松、敲锣打鼓就能办好的。如果只求热闹，只抓表面，只图“交稿”，调研就容易流于形式主义，影响调研工作效果，甚至掺假带虚，造成新的问题。调查研究是真正密切联系群众的法宝，还是沦为办公室里雕琢赏玩的精致八股，关键在于调查研究能否务实、见效，能否在开展中有效破除形式主义。不仅如此，每个人还担惊受怕，担心自己负责的部分会出纰漏，挨批评，被问责。走心调研，最重要的是作风和态度。是不是作秀，是不是走心，基层干部群众一眼便知。如果调查研究全部是定点和规定动作，形式主义难以避免，自然也就难听到真话实话。作为领导干部，应当摒弃彩排式调研，自觉捍卫调查研究这片净土不被形式主义之风沾染，真正通过调研把中央精神和工作部署落到实处，促使各项工作有效推进。

第三，不接受超标准接待。超标准、超范围接待问题是公务接待中的不正之风，是违反中央八项规定精神的典型表现之一。长期以来，一些党员干部总有这样的感觉：上级领导来调查指导工作，若不好好招待一下，不多敬几杯酒，让客人吃好住好，于“礼”不合。这种“礼”文化，让干部非常尴尬却又无可奈何。这个“礼”是真“礼”吗？自古君子之交淡如水，舍小利而成大义。以“礼”之名胡塞乱花公帑，属于望文生义曲解“礼”，表面热情好客，实则虚情假意，相互利用，借吃喝玩乐来满足一己之私。还有一些上级领导下去调研，自己不注意、不节俭，下面安排什么，自己就接受什么，超了标准、坏了风气，自己还不自知。公款姓公，一分一厘都不能乱花。违规接待、大吃大喝行为是挥霍浪费国家、集体财物的一种表现形式。领导干部考察调研属于正常的公务活动，对公务接待的迎送方式、陪同人数、活动场所、活动项目和活动方式、住宿、用餐以及出行活动的标准范围都有明确规定。领导干部对超标准接待行为，应当予以拒绝。对明示或者暗示他人提供超标准接待，或者接受他人提供超标准接待，造成不良影响的领导干部，应当给予党纪政务处分。

第四，不收受任何礼品和土特产。收送礼品礼金和名贵特产行为属于违反中央八项规定精神问题，本质也是违反廉洁纪律的问题。廉洁纪律是党组织和党员在从事公务活动或者其他与行使职权有关的活动中，应当遵守的廉洁用权的行为规则，是实现干部清正、政府清廉、政治清明的重要保障。部分领导干部思想认识偏差，受传统观念影响，认为别人给自己送东西，是“重感情”的表现，如果不收会影响人际关系。更有甚者，曲解正常人情往来，打着“收送礼”的幌子搞权钱交易，以“礼尚往来”为由麻痹自己，忽视了对方送礼的本质是看中了自己手中的权力；还有少数干部存在“权力不用、过期作废”的错误认识，把自己的身份和职权当成挣取外快的工具，利用手中权力为管理服务对象谋取利益，事成之后，觉得收点礼品、挣点辛苦费是应当的。如果趁着下基层调研之机收送礼品、土特产，调研就会扭曲变味，助长歪风邪气。

第五，不变着法子借机旅游。借“出差”之机，“顺便到周边景点转转”，是“四风”隐形变异的一个典型表现。《中国共产党纪律处分条例》第105条明确规定，“公款旅游或者以学习培训、考察调研、职工疗养等为名变相公款旅游的；改变公务行程，借机旅游的；参加所管理企业、下属单位组织的考察活动，借机旅游的。以考察、学习、培训、研讨、招商、参展等名义变相用公款出国（境）旅游的”，对直接责任者和领导责任者，视情节轻重给予相应处分。借调查研究之机“顺道玩玩”，反映的是党员干部内心的纪律意识淡漠、侥幸心理严重。有的领导干部在调研中，擅自变更路线旅游，并用公款报销产生的费用；还有的在调研途中看风景，把游山玩水当成了主业，把工作沦为副业，如调研安排3天，仅参加半天座谈会了事，把大部分时间花在了游玩上，这样的调研只是走过场，是出不了成果的。领导干部外出调研，本是严肃认真的公务需要，不应掺杂任何不相干的事情，更不准借调查研究过程之机，用公款绕道旅游。如果借调研之“公”，夹带旅游之“私”，那么本来的调研就会“变味”。

第六，不提与调研工作无关的要求。近些年来，督查成为政府推动工作的主要方式，也构成基层负担的重要来源。在这样的背景下，就导致基层倾向于将所有调研都当成检查来对待，以迎检的方式和态度来对待上级的调研。虽然调研组的言论不具有行政效果，但基层也会格外重视，甚至可能会将上级的意见当成工作部署去落实。中央要求，在调研过程中不提与调查研究工作无关的要求主要体现在以下两个方面：一是对下级单位中与调研主题不相关的内容不要进行评论或干涉，无端干扰下级单位的正常工作；二是不能借调查研究之机，为自己或他人办事。办事无非是私事，一个是人，一个是事。人即对某某予以关照；事的范围就宽了，近年来查处的案件中，有直接交代办事的，有帮别人引荐来办事的，这与党的纪律观不相符合，都应该被坚决制止。

第七，不增加基层负担。在调研中，干部抱着参观学习的心态，奔着那些出典型经验的单位和部门去，就会出现扎堆调研、多头调研等问题，基层单位往往疲于应付。如果一番调查研究下来，跑了很多路、见了很多人，深入了基层、接触了群众，座谈会一个又一个，发言很踊跃、气氛很热烈，但就是没有一个人讲真话，那么这样的“调查研究”既无助于了解群众急难愁盼问题，更无助于科学决策，徒增基层负担。调研应直奔问题去，多到那些困难多、矛盾突出、群众反映意见集中、工作不易打开局面的地方和单位开展调研，真正倾听群众呼声、真实反映群众愿望、真情关心群众疾苦，要真正把情况摸清、把问题找准、把对策提实，不断提出真正解决问题的新思路、新办法，切实解决本部门本单位本领域中长期未解决的老大难问题，把握新生事物的发展规律和本质，而不是哪里出了名、得到上级肯定就去哪里。

第八，不影响基层正常工作。当接到上级要来调研的消息后，被调研单位就开始忙碌起来，甚至还拟定了相关方案。每个人有每个人的任务，每个人有每个人的责任，任务分工明确，责任要求具体。比如：调研准备前，有负责提前踩点的，有负责汇报材料的，有负责整理办公环境的，有负责培训受访对象的，有负责应急情况处置的，有负责督查准备情况的；调研过程中，有人专门负责迎接，有人负责陪同调研，有人负责维护秩序，有人负责摄影摄像；调研结束后，全体开会传达学习调研指示精神。总之，每次迎接调研都“如临大敌”，整个调研活动下来，基层人员把精力全部放在了接待领导、应付调查研究工作上，自己单位的工作却无暇顾及。调查研究的本质，是要坚持实事求是，事物原来是什么样，就给调研者看什么，不要粉饰、装点，这样调研者才能掌握真实材料。调研者到基层去，要将不影响基层单位的正常工作作为检验调研工作实效的一项重要标准。

这“八个不”是新时代开展调查研究必须遵守的原则，每名领导干部都应将其内化于心、外化于行。除此之外，大兴调查研究之风还要用好执纪问责利器。动员千遍，不如问责一次。要确保调研不变异、不变味，“身入”更“深入”，监督执纪问责的利器不可或缺。

### （二）运用好监督执纪问责的利器

运用好监督执纪问责的利器需做好以下几个方面的工作。

首先，要强化监督。各级纪检监察机关要带头深入学习习近平总书记关于调查研究的重要论述和指示批示精神，深刻领悟“两个确立”

的决定性意义，深刻认识调查研究在密切联系群众、改进工作方法、推动解决问题中的重大意义，把对调查研究工作的监督作为政治监督的重要内容，立足职能职责，融合监督力量，以求真务实的工作态度、坚强有力的监督保障、切实可行的监督举措，使调查研究真正成为推进本地区本单位高质量发展的动力之源。

各级纪检监察机关要坚持问题导向，坚决防止调查研究中出现违规违纪和“四风”问题。要督促各党委（党组）突出重点、直击要害，结合实际确定调研内容；要督促坚持问题导向和目标导向，对躲不开、绕不过的深层次矛盾和突出问题，增强问题意识，敢于正视问题、善于发现问题，以解决问题为根本目标，真正把情况摸清、把问题找准、把对策提实，提出真正解决问题的新思路新办法；要督促注重调研质量，采用“四不两直”方式，真调查、实研究，广泛听取各方面意见，掌握实情、把脉问诊，问计于群众、问计于实践，坚决防止声势大、走过场的作秀式调研，浮于表面、走马观花的模板化调研，不实事求是、报喜不报忧的自夸式调研，以量抵质、指手画脚的扰民式调研；要督促加强信息沟通，及时掌握调研对象的工作情况，科学统筹安排调研行程，防止为了彰显重视程度而扎堆调研、多头调研、重复调研，加重基层负担；要督促建立调研成果转化运用清单，加强对调研课题完成情况、问题解决情况的督查督办和跟踪问效，特别是领导干部要定期对调研对象和解决问题等事项进行回访，注意发现和解决新的问题。

各级纪检监察机关要紧盯调查研究过程中是否严格执行中央八项规定及其实施细则精神，轻车简从，厉行节约；是否搞形式主义、官僚主义，层层陪同；是否存在调查多研究少、情况多分析少，提出的对策建议不解决实际等问题。要紧盯个别党员干部和公职人员借调研之机办理私事、景点游玩、收受礼品等问题，以谈话提醒、批评教育、责令检查等方式，及时咬耳扯袖、红脸出汗，把倾向性、苗头性问题消灭在萌芽状态。要紧盯调研期间存在的超范围超标准接待、违规吃喝、酒驾醉驾等违反作风建设要求、调研工作纪律、廉洁自律规定、违反法律法规的现象，严肃执纪问责，既追究“请吃人”的责任，又追究“吃请人”的责任，同时追究相关领导责任。

其次，要抓好执纪。纪委的职责是监督、执纪、问责，要保持领导干部的清廉作风，就要把执纪放在首位，把纪律挺在法律前面。正如习近平总书记多次强调的，从严治党就要把党的纪律挺在前面，让纪律立起来、严起来，保证党在各项事业中的领导核心作用。要让广大党员干部明确纪律的内涵，把严明纪律体现在日常管理监督中，严格执纪、动辄则咎，抓早抓小，把纪律执行到位，真正使纪律成为管党治党的尺子、不可逾越的底线，使广大党员真正敬畏纪律、遵守纪律。把清廉建设作为重要政治任务抓实抓紧，提高对由“风”及“腐”的思想警觉，用好纪检监察建议、容错纠错机制和典型案例通报发布制度，强化正风肃纪，激励广大干部敢闯敢试敢担当、想事干事能成事，以严实作风扛起中央赋予海南的重大历史使命。要以法律、纪律标准抓好执纪，对于调查研究中利用公款吃喝、借机绕道旅游或者其他一些不良作风进行处理，及时指出存在的问题，确保监督执纪到位。

最后，要做到精准问责。目前，调研问责机制的建设还处于初级阶段，很多方面的内容并不完善，缺乏客观有效的评估机制，对虚假调研、作秀式调研等形式主义、官僚主义的责任追究并不明确。因此，完善调研问责机制，要加大排查各部门各地区、领导干部队伍中存在的调研形式主义、官僚主义表现，围绕查出的问题建立工作台账，形成问题清单、任务清单、责任清单、时限清单，拿出具有针对性的举措，精准施治。对于调研工作中“表态多调门高、行动少落实差”等问题，各部门领导干部要“敢抓敢管、敢于担责”，做到推进工作“实打实、硬碰硬”。在落实调研问责机制方面，要把调研问责机制与决策问责制度紧密结合起来，坚持“谁决策、谁负责”的原则，建立重大决策终身责任追究制度，倒逼领导干部不断提升调研能力、落实调研工作。

问责不是目的，而是为了转变干部工作作风，密切干群关系，提高干部破解难题的履职能力，以优良作风保障开好局起好步。要防范为了问责而问责、为了政绩乱问责。要提高问责的精准性、科学性、规范性，深入研判“该不该问责、谁该被问责、如何问责”等问题，确保问准对象，处理精准规范。对借调研之机公款旅游的决不纵容姑息，依规依纪严肃问责，发现一起、处理一起、问责一起，形成“问责一人、震慑一片”的效果。

## 三、坚持统筹兼顾

不谋万世者，不足谋一时；不谋全局者，不足谋一域。党的二十大报告深刻阐述了习近平新时代中国特色社会主义思想的世界观和方法论，即“六个坚持”，其中第五个是“必须坚持系统观念”。调查研究工作是一项综合性、系统性、关联性都很强的工作，必须用好统筹兼顾方法，用全面的、发展的、系统的观点分析解决问题，学会十个手指弹钢琴，调动一切相关因素科学有效地推动工作。我们要深入实际、深入基层、深入群众调查了解情况，善于通过历史看现实、透过现象看本质，把握好全局和局部、当前和长远、宏观和微观、主要矛盾和次要矛盾、特殊和一般的关系，前瞻性思考、全局性谋划、整体性推进党和国家各项事业。坚持系统观念，有序推进调查研究工作必须统筹兼顾好以下几对关系。

### （一）统筹兼顾“上”与“下”

“上”就是“上接天线”，以习近平新时代中国特色社会主义思想为根本遵循，心怀“国之大者”，全面对标对表党中央、国务院重要决策部署，重大决策、重大事项、重要情况及时向上级请示报告，明确正确方向、找准工作站位、优化路径方法，锁定本地区本部门本系统调研“靶向标”，高效开展调研工作。“下”就是“下接地气”，坚持党的群众路线，从群众中来、到群众中去，真诚倾听群众的呼声、真心关怀群众的疾苦，调研出为民情怀，走访出干事创业的闯劲、干劲和韧劲；通过各种方式、想尽各种办法问需于民、问计于民，向群众学习、向实践学习。在贯彻落实党中央和省委决策部署过程中要汲取人民群众智慧力量，制定切合实际、有效管用、赢得民心的政策措施，真正做到“谋民生之利、解民生之忧”。“谋无主则困，事无备则废。”一些调查研究在实施过程中沦为“车上看一看”“随地转一转”，根本原因是没有科学合理地统筹谋划，选什么主题、从哪个方向入手直接决定了调查研究的成果。领导机关工作千头万绪，有许多问题需要解决，我们的调查研究必须围绕中心工作和领导决策的需要，着力调查研究重点难点热点问题，这样才能有的放矢。也就是说，我们的调研工作要聚焦问题，忙在点子上，谋在关键处，才能富有成效，做到事半功倍。如果脱离中心工作，远离决策需要，调研效果必然会大打折扣。因此，领导干部调查研究工作一方面要坚持吃透“上情”，心怀“国之大者”，从围绕中心、服务大局层面确定调研方向，将改革攻坚、重大矛盾等作为调研重点内容；另一方面要坚持吃透“民情”，紧紧扣住人民群众急难愁盼问题，科学确定调研课题，合理制定调研计划，做好前期谋划工作，统筹安排好调研时间、地点、路线，避免扎堆调研、多头调研、重复调研，要定期调度推进情况，确保调研工作保质保量有序推进。

### （二）统筹兼顾“全局”与“局部”

全局和局部互相依存、互相促进。想问题、干工作，如果不从全局、整体去考虑，就容易“只见树木，不见森林”，顾此失彼。全局性谋划，就是强调要从大局、全局出发对调查研究进行综合考量和系统谋划，自觉做到认清大局、看透大局、服务大局、贡献大局。历史和实践反复证明，抓全局有高度、有方向，抓局部就会有目标、有秩序，各项工作就能统成“一盘棋”、拧成“一股绳”，反之则往往顾此失彼、进退失据，陷入捡了芝麻丢西瓜、补了东墙短西墙的困境之中。因此，必须牢固树立高度自觉的大局意识，把工作放到大局中去思考、定位、摆布，做到正确认识大局、自觉服从大局、坚决维护大局。新征程大兴调查研究，要深刻认识到全面建设社会主义现代化国家是一个庞大的系统工程，明晰其中各个领域、各项工作的关联性和互动性，必须把调查研究涉及的各类具体工作、具体问题放到大局中去谋划、去解决，既避免调研分析中的盲人摸象，又避免调研决策中的畸轻畸重，做到“十个指头都动作”。同时，全局性的东西，不能脱离局部而独立。只有做到以一域服务全局，才能通过局部的重点突破推动全局的整体提升。这就要求我们在调查研究中，必须始终把全局作为观察和处理问题的出发点和落脚点，善于把地区和部门的工作融入党和国家事业大棋局，做到既为一域争光、更为全局添彩。

### （三）统筹兼顾“好”与“差”

形式主义是调查研究最大的敌人，目前仍有个别单位存在“报喜不报忧”的情况，总结多拣“好的”说，“差的”一笔带过、蜻蜓点水。调查研究从本质上是一门求真的学问，只有坚持实事求是的态度才能重视深入实际、了解实际。把实事求是贯穿到调查研究之中，必须听真话、察实情，坚持真理、修正错误，有一是一、有二是二，既报喜又报忧，不唯书、不唯上、只唯实。调查“求实”才能“摸准石头”，领导干部调查研究务必保持求真务实的工作作风，全面理性地面对调查研究工作，辩证看待“好成绩”和“差问题”，敢于正视问题，有想要了解真实情况的渴望，有直面问题修正错误的勇气，从暴露出的工作倾向和苗头中举一反三，做好分析研判，真发现问题，发现真问题。做实调查研究的“后半篇文章”，“破”“立”并举，支持推广“好的”经验，纠正“差的”不足。要运用好调查研究这个传家宝，切实转变工作作风，加强对调研的督查督办和跟踪回访力度，真正把情况看准，把底数摸清，能够承认矛盾、直面矛盾，勇于发现问题、揭示问题，扑下身子干实事、谋实招、求实效。搞好“务虚”研究，透过现象看本质，用党的创新理论、科学的思维方法指导工作，把调研成果转化为切实可行的措施办法，确保让调研成果“落地开花”。“虚”不是搞走马观花、浮光掠影，而是在调查实践基础上要搞好研究，去粗取精、去伪存真，对发现的问题矛盾抽丝剥茧、解剖麻雀，把粗浅的实践认识升华为新经验、新规律。

### （四）统筹兼顾“远”与“近”

搞调研是一件苦差事，既耗体力又费脑力，腿不勤就转不到“真情况”，眼不勤也看不到“真问题”，不能将“调研”变为“调演”，游山玩水、参观调研，最后凭着听报告、看材料形成“一纸材料”，一走了之。调查研究要深入，应该深入一线，发现政策落实“最后一公里”的差距短板，推动工作深入基层、贴近群众。要充分运用大数据、云计算等“让信息多跑路”，线上线下联动开展工作，实现调研“零距离、零死角”。要统筹当前和长远，习近平总书记多次讲到“立足当前、着眼长远”，并将其作为一个重要的方法论加以强调。现实中存在的问题有很多，只有未雨绸缪、做足功课，调查研究才能发现真问题；反之，如果临渴掘井，往往会措手不及，调查研究也很难触及问题根本。眼光放得长远，大势才能看得清，问题才能看得准，方向才能辨得明。要加强前瞻性思考，善于下先手棋、打主动仗，科学预见形势发展的未来走势、蕴藏其中的机遇和挑战、有利因素和不利因素，通过历史看现实、透过现象看本质，不断增强调查研究的预见性和敏捷度，在事情刚露出一点苗头时就能看到它的性质和发展方向。总之，开展调查研究，既要立足当下，一步一个脚印解决具体问题，积小胜为大胜，又要放眼长远，克服急功近利、急于求成的思想，多献务实之策、多谋长远之计，多做打基础、利长远的事。发现总结调查研究的有效做法和成功经验，完善调查研究的长效机制，对调查收集的素材进行辨别与分析，要做好常态化的调研部署，确定调查方案是否可行、问题是否解决，形成长效机制，推动解决整体难题。

### （五）统筹兼顾“宏观”与“微观”

微观是宏观的基础，宏观是微观的环境。干事业做工作大方向要正确，重点要明确，战略要得当，同时要把控好细节，把政治经济、宏观微观、战略战术有机结合起来，做到谋划时胸怀全局、统揽大局，操作中要细致精当，防止因为“细节中的魔鬼”损害大局。时下，一些调研缺乏大局观，从地方、部门的视角甚至局部利益出发，视野小、思路窄、办法少，在解决旧问题的同时引发新问题。这种拘泥于细节而忽视了大局的做法，有可能造成“解决一个问题，留下十个遗憾”的局面。但是也不能只关注大局，忽略调研过程中的细节，有时细节可能正是发现问题、解决问题的突破口。因此，开展调查研究工作前，应该从全局上统筹把握，了解运用整体性思维、系统性思维进行谋划、安排，制定全面、细致的调查工作方案，既总体分析面上的情况，又深入“解剖麻雀”，如此才能提出切实可行的政策举措和工作方案。

### （六）统筹兼顾“主“与“次”

把握“深浅适当”，做到抓住主要矛盾与解决次要矛盾相统一。毛泽东同志曾批示“调查研究要善于抓住主要矛盾”[①]，教导我们正确对待调查研究中的主要矛盾和次要矛盾。这也就是《工作方案》中要求的“突出重点、直击要害”，防止出现“眉毛胡子一把抓”的问题。领导干部在调查研究过程中，面对复杂的形势和繁重的任务，首先要坚持整体把握，对各种矛盾做到心中有数，根据工作任务的轻重缓急制

① 《毛泽东文集》第八卷，人民出版社1999年版，第26页。

定相应的调查研究方案。同时，优先解决主要矛盾和矛盾的主要方面，以此带动其他矛盾的解决。这就要求我们在开展调查研究时，坚持“两点论”和“重点论”的统一，善于厘清主要矛盾和次要矛盾、矛盾的主要方面和次要方面，区分轻重缓急，在兼顾一般的同时紧紧抓住主要矛盾和矛盾的主要方面，以重点突破带动整体推进，在整体推进中实现重点突破。要坚持系统观念和问题导向，对待主要矛盾要“深入”“深察”“深思”，深入基层、深入群众、深入问题，学会洞察细节、明察秋毫，练好“看功”、增强“眼力”，识真伪、辨曲直，了解事实真相、收集有效资料、发现真实规律。对次要矛盾可以暂时“放一放”“浅处理”，待条件成熟、力量具备后再采取进一步措施对次要矛盾加以解决，同时要保持敏锐性，及时洞察主要矛盾和次要矛盾的转化，优化调整政策措施解决新的主要矛盾，始终能够牵牢“牛鼻子”、抓住关键点。

### （七）统筹兼顾“特殊”与“一般”

一般性与特殊性的辩证关系是理解万事万物发展规律的关键。一般性揭示了事物的基本特征和发展趋势，特殊性则体现出各种自然界和社会秩序所表现出来的细腻多样性。从人类认识运动的规律来看，总是由认识个别和特殊的事物，逐步地扩大到认识一般的事物。同时，由特殊到一般，又由一般到特殊，是深化认识的两个互相联结的过程。这就要求我们在调查研究过程中，必须准确把握共性和个性、普遍性和特殊性关系，既要正视问题、发现问题，做到具体问题具体分析，一把钥匙开一把锁，又要善于从个性中找到共性，从苗头中发现倾向性，把零散的认识系统化、把粗浅的认识深刻化。在将调查研究进行成果转化的过程中，要注意提取各个地区的共性，将调查研究成果运用到更多的地区，同时也要把握调查研究地区的个性，因地制宜地解决调查研究中发现的问题。

党和国家事业是一个有机整体，每个地方和领域都是其组成部分。

做任何调研，都要坚持系统思维，以大局为重，把调研置于全局中看待，从整体出发研究问题，既考察要素、结构，也考察其在整体中的功能，考察研究对象系统内外各种要素之间相互作用而形成的整体效应。

## 四、加大宣传力度

宣传调研工作是向全社会展示工作成果、树立政府良好形象的重要途径。做好这项工作既是组织工作正确决策的前提，又是组织工作创新发展的必要手段。要加大调研工作宣传力度，凝聚起大兴调查研究之风的共识和力量，营造浓厚氛围，调动领导干部调查研究的积极性。做好调查研究宣传工作可以从以下几个方面入手。

### （一）创新宣传载体，拓展线上线下传播途径

古人云，文以载道。调研不是目的，重要的是把调研成果应用和推广。调研成果的应用、推广形式很多，譬如，转化成决策、典型经验的宣传、指导实际工作以及为科学研究提供依据等。应用、推广的手段也多种多样，其中线下的宣传方式有会议推广、报刊推广、文件或宣传册推广等，各地各部门各单位要充分利用党报、党刊进行宣传。同时，要注重利用互联网这一宣传载体，例如建立“两微一抖”新媒体矩阵，采取多种多样的宣传形式和手段。大力宣传大兴调查研究的重要意义、具体举措、实际成效和成功经验，特别是对涉及群众利益和社会关注度较高的领域的调查研究，要持续跟踪宣传报道；大力宣传选题准、作风实、成果优、成效好的调研工作；大力宣传各单位各部门涌现出来的调查研究先进人物，先进事迹。人民日报、中央广播电视台的微信公众号等新媒体平台要开设专题专栏，各地各部门各单位也要加大正面宣传力度，通过制作短视频，开展线上线下有奖竞答活动等人民群众喜闻乐见的形式让全体社会成员了解调查研究的重要

性，让正能量有大流量。

### （二）充分发挥智库作用，做好宣传引领

咨政建言、理论创新、舆论引导、社会服务、公共外交是新型智库的主要功能。习近平总书记强调，“要加强决策部门同智库的信息共享和互动交流”[①]。在大兴调查研究之风的今天，智库要紧紧围绕中心工作，及时掌握各个部门调查研究的新情况新问题、好经验好做法以及社会热点难点焦点问题，向党委和政府报送简便易行、务实管用的研究成果；在对外宣传推介方面，建立一支“专精特”的外宣团队，实现对外宣传和信息化建设的归口管理和规范运营，扩大智库影响力，促进各个单位的交流沟通，以此达到宣传调查研究工作的目的。智库是政府与公众的沟通桥梁，领导干部通过调查研究发现问题，再提出相应的对策，最终将调研成果转化为具体政策。目前人民群众对领导干部调查研究得出的调研成果不能够完全理解，政策的制定和执行过程中在一定程度上存在着许多民众不理解、不支持甚至反对的情况，这往往导致政策的实施效果大打折扣，甚至引起社会的不稳定。在这种情况下，智库作为独立研究机构，可以通过报告、电视媒体、网络媒体等方式向公众传播相关领域的专业知识，详细解读相关政策，引导公众正确地理解、接纳相关政策并配合实施。

### （三）加强舆论引导，把牢宣传阵地

习近平总书记指出，“互联网已经成为舆论斗争的主战场”，“要把网上舆论工作作为宣传思想工作的重中之重来抓”[②]。领导干部要增强网络阵地意识，切实把宣传工作抓起来，加强舆论引导，筑牢网络意识形态宣传阵地，做大做强网上正面宣传，抓住调研过程中的重点、难

① 习近平：《在哲学社会科学工作座谈会上的讲话》，人民出版社2016年版，第27页。
② 《习近平关于网络强国论述摘编》，中央文献出版社2021年版，第50、51页。

点、热点及群众的关注点进行宣传，确保调查研究宣传工作落到实处。各部门要进一步提高认识，提高工作积极性，做到宣传、调研工作统筹兼顾，共同推进。在工作中“勤思考、勤动笔、勤调研”，形成人人参与调研宣传的浓厚氛围。同时，要把握正确方向，努力提升调查研究与新闻宣传工作水平。当前，由于西方外来思想的冲击，我国在意识形态上面临着严峻的考验，对此，我们要强化政治意识，确保调研工作的新闻宣传沿着正确的政治方向开展。要结合抓住群众的关注点开展调研、宣传，形成高质量的调研宣传成果。要加强组织管理，确保调查研究与新闻宣传工作落到实处。班子成员要发挥带头推动作用，主动参与课题研究，带头撰写论文、新闻稿件。

### （四）强化宣传队伍建设，提升宣传能力

加强学习、不断学习是使宣传工作紧跟形势，紧贴实际，深入生活的助推器、加油站。宣传是一项时时求新、事事求新的工作，不论是专业的宣传技能知识，还是对国家大政方针、地方法规政策、企业发展战略都要有不断更新的审视和认识，这就要求宣传工作者不断充实、提升自我。首先，要注重宣传队伍的素质提升，培训不可少。在每年定期组织内部理论培训的基础上，应增加相应的对外交流，要有计划、有组织、有安排地让专兼职宣传工作人员走出去，到各大主流媒体进行学习交流，开阔眼界，增长见识。宣传工作也要对标找差，汲取同行业的先进经验，学习宣传的先进技术，在立足实际的基础上，将调查研究宣传工作向更高的目标迈进。其次，要注重调研人员宣传能力的提升。要注重选拔写作能力强、政治素质高、工作作风硬的同志到研究室工作，并从学习、生活、政治等方面对他们“厚爱一层”。要建立能力素质常态培养提升机制，以“大学习大调研大提升”活动为契机，组织机关干部特别是年轻干部按时撰写有关组织工作的宣传稿件和调研报告，不断强化实践锻炼，提升稿件写作和课题调研能力。

定期开展调研信息工作业务培训，邀请专家、学者现场授课，帮助梳理当前的重点热点主题，指导撰写调研报告和宣传稿件的方法技巧，不断提升宣传队伍综合素质。建立调研信息工作微信群或QQ群，定期推荐好的宣传稿件供宣传队伍成员学习研究。

### （五）利用好主流媒体，营造浓厚调研氛围

素材来源于基层一线，一线是新闻记者的归宿。鲜活生动的新闻报道内容不是开会开出来的，不是跑机关跑出来的，不是见领导听出来的，不是看材料看出来的，不是观视频观出来的，而是长时间蹲在基层一线亲身体验采写出来的，沾满泥土气息的报道更受广大读者欢迎。政府要引导广大新闻工作者深入学习领会习近平总书记关于调查研究的重要论述、关于新闻舆论工作的重要讲话，继承和发扬老一辈革命家深入基层调查研究的优良作风，增强做好调查研究的思想自觉、政治自觉、行动自觉。坚持问题导向，增强问题意识，从客观实际出发，决不能满足于跑机关、参会议、找领导，观现场、看展板、听汇报、拿材料，而应少陪会、走出去，选好报道主题，利用新媒体传播技术手段，采取网上问卷调查、网民互动、网上提出问题、实地调研等方法，抓住关键问题，选好典型案例，“解剖麻雀”，深度调研，用事实说话，用大数据分析，真正把问题找准、把情况摸清、把原因析透、把建议提实。要深入基层一线采访，真正“沉”到基层、“钻”进厂矿、“踩”到农田、“睡”在军营、踏入荒山沙漠，心系基层广大官兵，问情于群众、问需于群众、问利于群众、问计于群众，与基层同吃同住同劳动。通过新闻记者的所见所闻所感，亲力亲为，对搜集的材料进行分析判断、比较概括、归纳整理，去粗取精、去伪存真，由此及彼、由表及里的综合剖析，既写成绩又写不足，既写建议又写措施，把困扰基层的瓶颈问题、重难点问题及其产生原因一并宣传报道出去，给决策者提供第一手参考资料，以便找出问题症结、开出妙手回春良

方，对症下药，药到病除。主流媒体要采取多种多样的宣传形式和手段，大力宣传大兴调查研究的重要意义和各地区各部门各单位大兴调查研究的具体举措、实际成效，凝聚起大兴调查研究的共识和力量，营造浓厚氛围。

### （六）加强上下联动，打好调研宣传组合拳

领导干部要加强与上下级部门和新闻媒体的沟通联系，做好信息捕捉和收集、综合和提炼，把握稿件的时效性、新闻性，以及对信息宣传的重点、热点和时机，畅通报送渠道，搞好服务，相互配合，经常不断地交流情况，对下一个时期内的调查研究宣传工作重点做到心中有数，不断增强信息宣传工作的针对性和时效性。要通过多种形式，加强与新闻单位的联系，重视和支持调查研究工作，不断形成合力，努力形成齐抓共管的格局。要充分利用各种媒体的特点和优势，多层次、多角度、多形式、多体裁地宣传报道调查研究工作，采用专题报道、专访、短新闻、评论等多种体裁，及时、系统地对调查研究工作进行报道，让全社会了解调查研究工作在经济建设和社会发展中所起到的作用，从而不断推动中国特色社会主义事业良性健康发展。

**延伸阅读：**

1. 习近平：《八项规定是改进作风的切入口和动员令》，载《习近平著作选读》第一卷，人民出版社2023年版。

2. 习近平：《各级领导干部都要树立和发扬“三严三实”的作风》，载《习近平著作选读》第一卷，人民出版社2023年版。

3. 习近平：《在学习贯彻习近平新时代中国特色社会主义思想主题教育工作会议上的讲话》，《求是》2023年第9期。

# 后　记

调查研究是中国共产党的传家宝，是做好各项工作的基本功。新阶段新征程，我们面临的各种风险挑战、困难问题比以往更加严峻复杂，迫切需要全党特别是各级领导干部大兴调查研究，通过调查研究把握事物的本质和规律，找到破解难题的办法和路径。为了帮助广大党员干部持续提升调查研究能力，应国家行政学院出版社之约，我们组织编写了《如何做好调查研究》一书，供广大党员干部学习、参考。

本书由江西师范大学马克思主义学院吴怀友教授担任主编。参与本书编写的主要成员有：江西师范大学马克思主义学院汤舒俊教授、查明辉副教授、潘华博士、张凯博士、蒋婷燕博士，中共浙江省委党校（浙江行政学院）王涛副教授，中共贵州省委党校（贵州行政学院）仝可平教授、丁小军讲师。其中，吴怀友教授负责书稿的写作提纲和内容设计、审稿统稿等工作；王涛副教授负责第一章的编写，张凯博士负责第二章的编写，仝可平教授、丁小军讲师负责第三章的编写，潘华、张凯、蒋婷燕博士共同完成第四章的编写，查明辉副教授负责第五章的编写，潘华博士负责第六章的编写，汤舒俊教授负责第七章的编写。国家行政学院出版社的编辑为本书的付梓做了大量工作。在此，对参与本书编写的教师、编审表示诚挚的感谢。

由于时间和水平所限，本书难免存在某些缺陷和不足，恳请读者指正。

编　者

2023年6月